改訂新版 「人間繁盛、商売繁昌」への7つの実践！

株式会社クオリティライフ 代表
能登《のと》 清文《きよふみ》

まえがき　～改訂新版発行にあたり～

本書を手に取っていただき、本当にありがとうございます。

私は本書を通じて、２つお伝えしたいことがあります。


「人は出会いの数だけ成長する」

「人生は有限である」


ということです。

人は出会った人の数だけ成長していきます。その数が多いほどどんどん大きく成長していきます。そして、皆さんのこれからの人生には、まだまだたくさんの人と出会い、大きく成長するチャンスがあるのです。

だから、自分の可能性の蓋を閉じないでください。いまの人生に満足しないでほしいのです。

なぜなら、どんな人生にも必ず終わりが来るからです。悲しいことで目を背けがちですが、人生は無限ではないのです。

「そのとき」に笑って、安心して、人生を振り返えられるように、いまの皆さんの立ち位置をもう一度確認してほしいのです。いまの人生で「そのとき」になったときの皆さんの将来と真面目に対面してほしいのです。


実は、以前の私はこの2つの点と向き合わずに、なんとなく生きていました。

その結果、運命に身を任せ私の人生は翻弄されてばかりでした。

しかし「人間繁盛、商売繁昌」を意識するほどに、以下のように信じられない成果が次々に舞い起こっています。

・保険会社1年目からMDRTを獲得
・見知らぬ地での会社起業成功
・倫理法人会にて「モーニングセミナー」参加者300%増（11人→30人）、会員150%増（99社→150社）、滋賀県倫理法人会の会長職を拝命
・ゼロから300人のチームづくりを達成
・実体験の小冊子を9000部発行
・初の著書を出版

・新たに共同出資で株式会社スリースターを設立（取締役）
・2冊目の著書を出版（改定版）

以上は大きな成果の抜粋ですが、他にもまだまだたくさんの幸運が訪れました。

これも全て、「人間繁盛、商売繁昌」を愚直に意識し、継続してきたからだと思っています。


前述しましたが、実は本書は私の初の著書の改定版となります。

改定版として新たに発行したのには理由があります。

まずは、初の著書が完売してしまったことです。本来なら単純に同じ内容を増刷になるところですが、出版してからというもの私の環境も大きく変わり、1年半ほど経った現在、私の活動も増えさらにたくさんのことをお伝えできるようになっています。

また、前著での後悔もあります。実は、前著ではページの都合で執筆できなかった、みなさんに知っていただきたい素晴らしい「繁盛人」の方々はまだいます。その方々をぜひご紹介したいという想いです。

そこで、編集者さんに相談したところ、「それなら思い切って改訂版にしましょう!」という嬉しいチャンスをいただきました。

こうして、晴れてこの機に、新たに40ページ以上加筆、内容を再編集させていただきました。そして改定版として、また最初の本と同じく、全国の書店展開で出版させていただく運びとなりました。

有難いことに、前著をお読みいただいた読者の方々からこんな声もいただいております。

……………………………………………………

若くてこれだけ実践・実行が続くすごい事です。私も今　法人アドバイザーとして年間82ヶ所(昨年度)廻らせていただきました。これも倫理に入会し教えを守り実行したからと思います。まだまだやりますよ。

＊＊＊＊

本の内容も普段の能登会長のままで、読んでいる途中ずっと能登会長が私の隣で喋っていてくださるようでした。能登会長には、敬服することばかりで、私の生きるお手本の方です。

＊＊＊＊

一度目は、能登さんの歴史（生き様）や志を細かく知ることでシンプルに心が動きました。もう一度、拝読させていただいたときは、『見えないモノの大切さ』『見えないモノへの感謝』『習慣（継続）の偉大さ』そしてなにより、能登さんから迸る人間力の豊かさ深さを自然に学ばせていただきました。

＊＊＊＊

能登様が歩んでこられた人生、積み重ねてこられた実践がつまった貴重なお話ばかりでした。体験されたこと、実践されていることは、とても重みがあり、腑に落ちることばかりでした。

＊＊＊＊

多くの師と自らを律し実践を続けるお姿は、いつ見ても素晴らしく、私の単会会長として悩み苦しみながら小さいながら実践を続けております。

＊＊＊＊

お忙しい中で沢山の実践に取り組まれた事に感心いたしました。
「やれば出来る」で生きてこられた姿勢に感謝し参考にさせて頂きます。

＊＊＊＊

限られた人生の中で、人との出愛を大切にされる能登様の生き方は、本当に素晴らしいと思います。人は平等に時間とチャンスが与えられていますが、すべてを成すものは心と実践ですね。

行間から能登さんのご両親、ご家族そしてご縁のある人達への深い愛情が伺い知れ心がとても温かくなりました。

＊＊＊＊＊

自身が葉書きの実践に取り組み、その継続のすごさにおどろいてます。さすがハガキ世話人ですね。

＊＊＊＊＊

感動　感激　感謝　まだまだ倫理を待っている方がいる！

＊＊＊＊＊

……………………………………………………………

このような感動的な感想を本当にたくさんいただきました。ほんの一部の抜粋の感想しかご紹介できず残念です。

前著をお読みになった全ての皆様有難うございます。感謝。

さて、ここまでお読みになり、「人間繁盛」「商売繁昌」の道にご興味を持たれたでしょうか。

これから本書を通じてみなさんにも「人間繁盛」「商売繁昌」になっていただくための方法をお伝えしていきたいと思います。

しかしその前に、まずは私が「人間繁盛、商売繁昌」に気づいたきっかけ、根っこの部分をお話しさせていただきます。

それは、とても辛く、いまでも後悔の残る出来事でした。

少し長くなりますがお付き合いください。


平成14年12月の休日、私のもとに和歌山の父から電話がかかってきました。父が私に電話をくれるのは非常に珍しいことです。一体、どうしたのだろうと思いながら受話器を取ると、父は私にこう告げました。

「人間ドックで初期の胃ガンが見つかった。」

「えぇっ！　大丈夫？」

驚く私を落ち着かせるように、父はこう続けました。

「初期で転移もないし、医者からは『手術すれば治る』と言われているから心配しないでいい。医者から、長男にも治療方法を説明したいので、病院に一緒に来てくださいと言われている。清文、和歌山まで帰ってきてくれないか。」

病院に行く日時を聞くと、平日の午前中です。当時の私は、大阪に本社を置く東証一部上場企業の「キーエンス」に勤務するサラリーマンでした。昔のキーエンスは高収益企業であると同時に、ハードワークでも有名でした。

私も14年間、自ら率先して朝7時から夜の11時、12時まで。それこそ父の見舞いもままならない、仕事人間として生活を送っていました。

多忙を極めていた私は「平日午前中だと厳しいなあ、仕事があるから帰れないよ」と伝えました。

父は「そうか、仕事やったら仕方ないなあ。仕事しっかりがんばれよ。お父さんは大丈夫やから心配せんでいいからな」と電話を切りました。

このとき、私は父に悪いなあとすら思っていませんでした。平日仕事で動けないのは当然ですし、「初期のガンで転移もない、手術すれば治る」、という父の言葉に安心してしまったのです。

しかし、今の私は、息子と二人の娘を持つ父親の立場になりました。将来、もし自分が父と同じような状況になって、子どもに電話したとき「だめだめ、仕事があるから帰れないよ」とあっさり断られたら、内心はとてもショックだと思います。「おまえは、仕事とお父さんとどちらが大事なんだ？」と言ってしまうかもしれません。

しかし、私の父はそんな不満を口にすることなく「仕事がんばれよ。お父さんのことは心配せんでいい」とむしろ私を応援してくれました。


幸い、父のガン手術は無事に成功しました。胃の半分を切除したものの転移の心配もなく、経過も順調そのもの。

私も手術当日と翌週の日曜に父の病院に見舞いに行きましたが、流動食が食べられるまでに回復していて、父も「あと1週間で退院できる」と喜んでいました。

家族の誰もが危機は去ったのだと安心しきっていました。


ところが、その3日後、事態は急変します。

夕方6時頃、妻から突然会社に電話が入りました。

「お父さんが心筋梗塞で倒れたの！　今すぐに病院に行って！」

妻の報せを受けて、すぐに会社を出た私は、新大阪駅から特急に飛び乗り、和歌山に向かいました。何とか助かってほしい・・・祈りながら和歌山駅からタクシーを拾い、父が入院している病院に着いたのが午後9時。

あわてた様子のドクターが私の所へ駆け寄り、耳を疑うような事実を伝えました。

「お父様は15分前に息を引き取られました」

「え？　あの・・・」

にわかに信じられない状況でした。ガンの手術も成功し、1週間後に迫った退院を楽しみにしていた父が、入院中に心筋梗塞で突然亡くなってしまうなんて。

お通夜が終わって、棺のなかで眠る父の顔を見ていると、父が手術を受ける病院について迷っていたことを思い出しました。

「自宅から歩いて行ける小さな病院にするか、遠くても大きな病院にするか」

結局父は、母が通いやすいようにと自宅から歩いて通える病院を選びました。

もし、私が父の相談に乗ってあげられていたら、そして大きな病院の方をすすめていたら、父の命は助かっていたかもしれません。

なぜ私は父の相談に乗らなかったのか、話をきちんと聴かなかったのか・・・思い返せば、今でも苦い後悔の念がわいてきます。

「お父さん、本当にごめんなさい」

　私はひとり、家族から見えない所に移動して身を震わせていました。父を失った哀しみと自分への呵責が入り混じった感情に涙せずにはいられなかったのです。本当に申し訳なく、情けない事です。

　父が困っているとき、心配なとき、不安なときに話をゆっくり聞かず、親不孝でした。

　この父親の死という運命により、私は人生の有限性というものを思い知り、自分の人生、そして家族のことを真剣に考えました。

　これが私の人生の一つ目の大きな好転です。


　その結果、比較的勤務時間の自由度がきく勤め先を求めて、保険会社へ。その後、家族と自分の時間をつくるため、さらなるお客様との二人三脚の関係を求め、独立して会社を起業します。

　仕事より人生を優先し、目先の利益にとらわれず、心底から人との良い出会い、良いご縁を求めることを心がけたのです。

　すると不思議なもので、自然と私のもとにたくさんの仲間と仕事が集まってくるようになりました。家族とも多くの時間を過ごせるようになり、子供たちの笑顔も増えました。

当然私と妻も幸せな気分を味わっています。

〝人間繁盛〟を意識して考え方、行動、習慣を変えた私は、結果として〝商売繁昌〟を実現し、大きく人生が変わりました。

効率や結果ばかりを意識し、達成感だけが幸せな〝寂しい人生〟ではなく、結果だけでなくその過程や関わる人の成功が楽しみな〝楽しい人生〟を実感できるようになったのです。

このように、まずは自分、そしていつも側にいてくれる人たちのことを第一に考えることで、私は人生好転のきっかけをつかみました。

本書は、私の考え方や体験を皆様にお伝えすることで、少しでも皆さんの人生が好転するきっかけになればと願って執筆しました。

冒頭でお伝えした通り、「人は出会いの数だけ成長する」ものであり、「人生は有限」なのです。

そして、「人間繁盛、商売繁昌」を目指せば必ず未来は切り開けます。

本書が読者のみなさまの〝新しい力〟を生むきっかけになれば幸いです。

能登　清文

目次

第2章 「出会い」と「チャレンジ」が人を成長させる

第3章 「人間繁盛、商売繁昌」への7つの実践ワーク！

第4章 能登清文の「人間繁盛、商売繁昌」への挑戦！

新章

「人間繁盛、商売繁昌」
成功事例と新たに伝えたい
8人の「繁盛人《はんじょうにん》」たち

本編となる1章に入る前に、まずは様々な「繁盛人」たちを改定版の目玉としてお伝えさせていただきます。

はじめに、1年半前に出版した私の初の著書をご購読していただき、さっそく「人間繁盛、商売繁昌」を実践され、わずかな期間で人生を好転させるきっかけを掴んでいただいた方々をご紹介します。

本当に嬉しいことに、出版後にはたくさんの方からこのようなお知らせをいただいております。

この章ではその中でも、特に感動的な取り組みや、驚くべき成果を出された方4名をご紹介していきます。

また、私が尊敬する「人間繁盛、商売繁昌」を実践する人生の先輩方を、前著に加えさらに8名ご紹介させていただきます。

私の人生を大きく変えてくださった本当に素晴らしい生き方をされて方々です。

ぜひ読者の方もその生き方や考え方をご参考ください。

「人間繁盛、商売繁昌」で成功した方々

まえがきでもお伝えしましたが、本書は2017年の12月に出版した、私の最初の著書の改定版となります。

嬉しいことに、出版後に本書や私の講演やセミナーを聞いてくださった方かが、「人間繁盛、商売繁昌」を実践し、早くも成功の芽が出ている方がたくさんいらっしゃいます。

ここでは、そんな方々より数人のお話をご紹介していきます。

◇全く新しいご縁が生まれ、人生に張りがでた！

九州在住50代経営者

私は、知人から紹介され、能登先生の著書を書店で手にしました。能登先生とは全くご縁がありませんでしたが、本を拝読させていただいているうちに、とても親近感がわいてきました。

特に、最初のお父様との別れと決意。

私も同じように父の最後に公開した経験があります。読んでいてその時の記憶がよみがえり、自然と涙がでてきました。

そんな共感より、私も「人生を楽しまないといかん！」と思い、早速できることから始めることにしました。


まずは「ゴミ拾い」から始めました。休日にゴミを探しに近くの大きな公園を歩いていると、あるわあるわ・・・こんなにゴミってあるんだと思うほどたくさんのゴミをみつけました。もっていったビニール袋がパンパンになったところで帰りましたが、まだまだ足りないほどでした。

今までもこの公園を散歩していましたが、こんな状況になっていることを全く気にしていなかった自分を恥ずかしく思います。

それからというもの、週末には必ずその公園にゴミ拾いに行きました。


するとある日、不思議な光景を目にします。

私と同じように、ゴミを拾っている方を見つけたのです。恐らくこの公園の美化担当の方かな？　と思いましたが、服装からちょっと違う気もします。

そこで声をかけて、「なんでゴミ拾いをしているのですか」と聞いたところ、「自分のためです」

と言われました。

まさか、自分と同じ気持ちでゴミ拾いをしている方がいるとは！　嬉しくなって「私も同じです！」と答えたところからご縁の始まりでした。

その方はなんと私の会社の近くの同じ経営者。そこから話も弾みいろいろお話させていただきました。

その後、二人で毎週同じ時間にゴミ拾いの約束をして、数週間続けていると、「何をしているのですか？」と声をかけてくる人がいます。その方も毎週この道を同じ時間に通られるようでした。ゴミ拾いや「人間繁盛」のお話をすると、「私も仲間に入れてもらってよいですか？」と言われました。

もちろん快諾して、今度は三人でゴミ拾いを始めてしばらくすると、また声がかかります。「何をしているのですか？　私も加わってよいですか！」

こんなことが続き、いつの間にか6人のゴミ拾いグループになっていました。

そして、食事をしながら「今度旅行に行ってゴミ拾いをしよう」「会社同士で連携して清掃活動をしよう」などといろいろと楽しくやっています。今まで見知らぬ人とのご縁は、仕事の場だけだったのでとても新鮮です。

気づくと仲間ができている。これが能登先生のおっしゃる「人間繁盛」なのでしょうか。本当に素晴らしい教えをいただきありがとうございました。

今度、能登先生の講演をぜひお聞かせいただくために滋賀へ参ります！

◇たかが朝礼、されど朝礼

千葉県在住40代会社員

以前から倫理法人会の関係で能登さんのことは知っておりました。能登さんが本を出すということを知って、発売後早速買いました。「これすごい実践的だ！」と思いました。

特に朝礼の部分が気になりました。モーニングセミナーなどでおこなってはいたものの、私の会社ではおこなっていません。

いつもシーンとした暗い雰囲気で、とにかく仕事を片付けて帰ろう、という空気に満ちていました。

「よし！　この機会に朝礼やってみよう！」

そう思い、早速、社長に提案しました。

すると、「お前が担当するんならよいがみんなに強要するなよ」とのお答え。まあ、最初はこんなものかと思い、さっそく翌週月曜から朝礼をはじめました。

「これで活気がでてくるな！　楽しみだな」と私は思っておこないました。

しかし結果は・・・全員面倒くさそう。しかも遅刻者まででました。

「あれ？　こんなはずじゃ」空回りした私はとても残念に思いました。

もう来週からはやめようかな、と弱気になりました。

しかし、能登さんの本をもう一度読み直すと「継続」が大事ということが何度も書かれています。

「そうだ、最初からうまくいくはずがないんだ。自分は甘かった」と思いなおし、今度はみんなが楽しくなる朝礼を考えました。

そんな時、倫理法人会から朝礼研修の案内が。

「これだ！」と思い、みんなを朝礼研修に一緒に参加しようと誘いました。

朝礼研修の後、夕食を御馳走するからということで、３人が一緒に参加してくれることになりました。

３人は、最初は渋々の参加している様子でした。

ところが、研修の中で「ハイ」と大きな声で返事したり、「おはようございます！」「ありがとうございます！」と挨拶練習をするうちに、笑顔で楽しくイキイキとしてきます。

研修後の夕食の時、「大きな声を出すと気持ちいいなあ！　朝礼って元気をもらえるなあ！」と話も盛り上がりました。

夕食のご褒美できっかけをつくりましたが、私の部署の朝礼は、笑顔の大きな声で元気になっていきました。

その結果、部署の雰囲気もどんどん明るくなっていき、今までなかった自発的な改善活動や仕事が終わった後のミーティングもでてきました。それもみんな楽しそうに。

ある朝、社長が突然、朝礼に参加しに来られました。

「最近、来社したお客様や取引先から社員さんの元気な挨拶が素晴らしいですね。と褒めていただいて嬉しかったよ。」とみんなに言っていただきました。

「ああ、朝礼はじめてよかった、継続してよかった・・・」

私と、私の部署は「人間繁盛」「商売繁昌」になってきたかと思います。

これも能登さんの本のおかげです。たかが朝礼ですが、されど朝礼。なにかのきっかけには一番の方法だと私は思っています。

そして、いまでは回し読みして、うちの部署はみんな能登さんの本を読んでいます。今度部署で能登さんのセミナーを聞きに行こうかと朝礼で提案するつもりです。きっとお会いできるかと思いますよ（笑）。

◇あと1ヵ月で消滅だった経営難を乗り越えられた一枚の「ハガキ」！

関東在住50代工場経営者

初めまして能登清文さん。

あなたのおかげで私たち家族と会社は救われました。

いきなりこんなことをお伝えして驚かれますかね（笑）。

私は関東で、家族3人で小さな繊維工場を経営しているものです。

父の代から50年、大きな儲けもありませんでしたが、父は私を大きく育ててくれ、私も妻と子供を養っていける稼ぎくらいは出ていました。

しかし、数年前から大手メーカーのローラー戦略もあり、私たちのような小さな工場には全く受注が来ない状況に。

もちろん毎月の仕掛金を支払う借金もあります。

なんとか1年ほどは絶えましたがそれも限界の時が来ました。

もちろん片っ端から金融機関は当たりました。しかしどこも貸してくれません。知り合い、友人にもあたりましたがみんな逃げていきます。

「もうだめだ・・・工場を売って他の仕事で借金を返しながら生きよう・・・」

そんな時、知り合いから能登さんの本をいただいたのです。

最初題名の「人間繁盛、商売繁昌」を見た時、正直「何を言っているんだか！　そんな義理堅い人間はこの世にはいやしないよ。奇跡なんてそうそうおこらないんだよ」と思ってしまいました。

やけくそ半分に、本に書いてあった「繁盛ハガキ」のやり方で住所を知っている今までの取引先全部に送ってみました。

「経営難でもうすぐ廃業します。今までお付き合いいただきありがとうございました」

数日して、その中の１社から返事がきました。

「お父さんの代には大変お世話になりました。よろしければ、私の会社で少しは発注できますので、一度ご来社ください」

また、数日後に同じようなハガキが。全て父の代にお世話になった、少しは発注できる、といってくれる内容です。

最初にハガキをいただいた会社に行ったとき、その理由がわかりました。

実は父は取引先が困ったときに、みんなに声をかけてまわるおせっかい屋さんだったようです。

そのおかげで助けられた会社がいくつもあったのです。

少しずつの発注が集まって、なんとその月は大幅黒字になる売り上げになりました。また今後も協力して、大手チェーンと対抗してくれる手助けもしてくれる会社もたくさんありました。

これが能登さんの本に書いてあった「人間繁盛、商売繁昌」なのだとその時にきがつきました。

私は父の腰の低さや面倒に首を突っ込む生き方が大嫌いでした。

しかし、今はそれに助けられています。自分は下手な経営で工場をつぶすところだったのに。

私は自分の未熟さが恥ずかしくてたまりませんでした。

いままでは、毎月1日に能登さんの本に書いてあったように、家族全員でお墓参りに行くことにしています。

能登さん、間接的ですが、あなたの本で我が家と工場が救われた男がいます。本当に本を書いてくれてありがとうございました。

◇著著との出会いがきっかけで夫婦が新しい世界に。

兵庫県在住60代夫婦

私は、約5年前に夫婦でおつきあいしている友人からの紹介で能登さんの著書を拝読しました。ちょうど私が定年退職して、退職金の運用を考えていた時でした。

銀行預金してもほとんど利息がつかないため、何か良い運用方法はないかと探している時に、友人から「私も退職金の運用でお世話になっている素晴らしいお人柄のファイナンシャルプランナーがいる。そのおかげで、子どもたちも一緒にハワイ旅行に行けたし、毎年年末にお小遣いも渡せているよ！」と聞いて、早速、ご紹介いただきましたのが最初のご縁です。

初めてお会いした時に能登さんが「私が助言させていただく資産運用は、株式には投資しませんので、毎年、10％、20％増えるようなことはありません。資産防衛を目的としており、安全な投資先を選んだ債券運用で、毎年3～4％くらいの利回りの予定ですが、大丈夫でしょうか？」という、実直なお話が今も印象に残っています。

私も大切な退職金を安全に運用したいと思っていたので、「是非よろしくお願いします」と初めてお会いした時に能登さんにお任せすると決めました。

また、私の資産運用の希望、使いたい時期、はじめ、いろいろと私の話をよく聴いてくださり、より安心できました。その後、資産運用のプランを考えていただきました。そのプランの説明の時に、「日本の財政状況、日本円だけを持っておくことのリスクも教えていただきました。資産防衛のためには、日本円だけでなく、米ドルにも分散しましょう」とご助言いただきました。

さらに「東京オリンピックの２０２０年頃には、日本円から米ドル等の外貨に切り換えていきましょう」という言葉も印象に残りました。

昨年、能登さんの会社、クオリティライフの10周年記念パーティに参加させていただきました。大盛況のパーティに参加させていただき、自分の資産を担当をしている方が誇らしく、「能登さんにお任せできて本当に良かったね。」と夫婦で話したのを覚えています。

また、たくさんの会のお仲間もご紹介いただき、一気に新しい知り合いが増えました。今までは仕事時代からの知り合いや古くからの知り合いだけの世界で生きてきましたので、ハイセンスな方々との会話やお付き合いはとても新鮮で日々勉強になります。

やはり著書でも言われていたように、何か一歩動き出すことで人生は変わっていくのだなと思いました。

最近、夫婦で資産運用を考える方が集まる勉強会にも出席しています。すると驚くことに能登さんをご存知の方がたくさんいました。中には能登さんが担当している方までいて、さすがだな！とあらためて感じています。

これからも能登さんの「人間繁盛」を意識して人生を謳歌していきたいです。

以上、「人間繁盛、商売繁昌」をうまく活用していただき、自分やまわりの方を幸せにした４人の方をご紹介しました。

正直、私などよりずっと短期間ですごい成果を上げています。私は10年以上かかってようやくここまできているのですから・・・。

つまり、きっかけがあれば、誰にでも運命を変えられる方法が、本書でお伝えしていく「人間繁盛、商売繁昌」への実践術なのです。

ぜひみなさんも、読後に一度だけ、心を素直にしていただき、できることからチャレンジしてみてください。

きっとそこから新しい何かが生まれるはずです。

新たに伝えたい8人の「繁盛人《はんじょうにん》」たち

❖木村雅社長の「笑顔で信じきる力」に学ぶ

ニワダニネットワークシステム（株）の木村雅社長は、現在、倫理法人会の法人スーパーバイザーとして講演、純粋倫理の指導で全国にてご活躍されています。

そんな木村社長と初めてお会いしたのは、2011年富士高原研修所（通称：富士研）での経営者倫理セミナーでした。

同じグループ、同部屋で3日間、食事やお風呂まで共にし、まさに裸の付き合いでご一緒に学ばせていただきました。

話しているうちに、滋賀県のお世話になっている永田咲雄社長と同業で親しい友人とのことで、ご縁のつながりにビックリ！

「永田ちゃんの友達かあ！」とさらにいろいろと深いお話しをいただき、とても仲良くさ

せていただきました。

木村社長は、いつも明朗な笑顔で話し、グループを明るく盛り上げてくださる存在です。おかげでたくさんの富士研の中でもひと際楽しい思い出となりました。

また、ちょうど、お互いに倫理法人会の単会の会長１年目で、堺市倫理法人会に見学にも伺い、いろいろご教示いただきました。

木村社長は、人を活気づけるそのお人柄で、数人しか参加者のいなかった堺市倫理法人会を盛り上げ、その結果１００人以上の参加者となり、単会の参加社数の日本一も達成されました。

さらに、木村社長は、大阪府倫理法人会の会長も務められ、２年連続で大阪府の20以上の全ての単会を達成に導かれたのです。これは倫理法人会の歴史でも快挙で、当時はとても話題となりました。

木村社長は、いつも笑顔で「信頼してるよ！」と声を掛けておられると！人を信頼しきっておられるので、相手も信頼に応えるのだと実感しました。

倫理法人会の教えでもある、「信ずれば成り！」の通り、信じきる力の凄さを感じます。

木村社長のように人を信じきる強い意志をもてるように私も精進していきたいと思います。

花田敬社長の「人を繋ぎ輝かせる力」に学ぶ

花田敬社長は、保険業界の大先輩です。

元ソニー生命のトップセールスマンであった花田社長は、保険会社、保険営業マン向けの研修会社、営業サポートのメールシステムの開発、販売のイーエフピー（株）を経営されています。

現在、大学でも「営業職」の講師を務められたり、著書も『「売れる営業」の基本』（中経出版）をはじめ多数執筆されている通り、まさに営業のプロと言えると思います。

私も花田社長の研修を受け、ご縁をいただき、現在もメールシステムを使わせていただいております。

花田社長は、「営業」の素晴らしさ、大切さをセミナーをはじめ様々な集まりで広められる活動をされています。

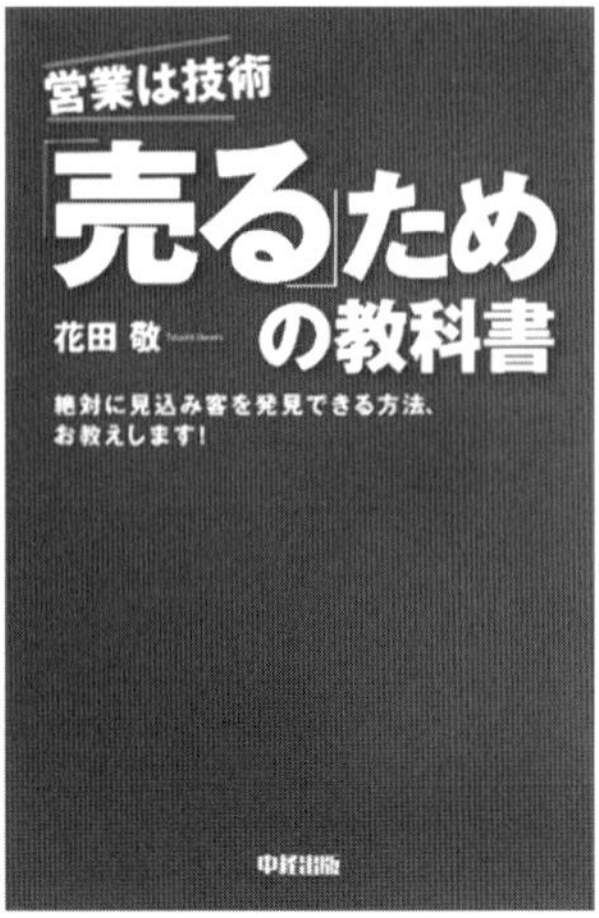

私が初セミナーを開催するにあたっても、いろいろ教えていただきました。

また、ご本人も滋賀県まで掛けつけてくださり、ご講演もいただきました。

花田社長は、人と人、会社と会社を繋げる、ジョイントベンチャーの天才です。

例えば、講演の際によく、「あっ！　そんな繋がり方があったのか!?」「そんな素晴らしい三方よしが実現できるのか!?」という声があちこちから飛び交います。

このように、いつも花田社長のお話しの発想と実現力に聞く方は驚かされています。

人と人、会社と会社のそれぞれの長所を繋げることによって、それぞれがますます輝き、発展していくと述べられています。

私が一番驚かされた出来事。

ある時、花田社長から「ディナー2人無料ご招待」の年賀状が届きました。

開催はいつかなとみてみると、なんと有効期限は1年間！

花田社長は、この年賀状を何千人にも出されたと聞いてビックリ。

この1枚の年賀状のおかげで、知人をたくさん連れられたお客様でいつも予約いっぱい、大繁昌されました。

花田社長は、ことあるごとに人を紹介されたり、応援され続けています。

花田社長を見習い、もっともっと人と人を繋げて、お役に立ち、貢献力を向上させていきます。

後藤昌幸さんの50年をかけた〝継続力〟〝実行力〟に学ぶ

後藤昌幸さんは、滋賀ダイハツ販売、兵庫ダイハツ販売を倒産寸前の赤字会社から優良企業に再建した、カリスマ経営者です。

現在は、息子さんの後藤敬一さんに社長を譲り、滋賀ダイハツ販売のグループオーナーをされています。

また、本物の経営者だけが集う「東京輝き塾」「大阪輝き塾」の塾頭としてご活躍され

ています。

現在84歳の後藤さん。それでもなお、常に学び続けておられる姿勢には感服します。

例えば、毎週の経営者モーニングセミナーにも最前列でご参加され、大きな迫力ある声で歌も歌っておられます。滋賀県から新幹線の自由席で全国へ学びに行かれているのも驚きです。

毎年、私たちが主宰する「福ふくゼミナール後継者実践塾」の卒塾式では、「うぬぼれるな！　へこたれるな！」をテーマに「50年以上の経営者」としてのご経験を熱く語っていただきます。

私の好きな後藤さんの格言に以下の2つがあります。

「調子の良い時に〝うぬぼれるな！〟」

「苦しい時、辛い時にも〝へこたれるな！〟」

著書『倒産したくないならこれを読め』（日経ＢＰ）でも述べられている通り、経営には、山も谷もあり、いろいろなことが起こるが、経営の本質を見失うなということだと解釈しています。

単純にこの言葉のチカラだけでも、自分を見失うことなく、人生の糧となるお言葉ではないでしょうか。

後藤さんのお金の使い方にも会社永続の秘訣を感じます。

自分のことでは、「タクシーに乗らない」、「新幹線は自由席」等々、とても倹約家です。

しかし、人のためには、美味しい老舗のお料理でおもてなし、素敵なプレゼントやサプライズ、人が喜ばれることにはまわりが腰を抜かすほど〝豪快〟に使われます！

また、会社の宣伝広告やお客様、社員の満足、感動のためにも躊躇なく投資されます。

まさに、人も喜び、お金も喜ぶ、お金の使い方の見本です。

さらに凄いのが、半世紀、50年をかけて自社株を買い戻されたことです。

実は後藤さんが若い時、滋賀ダイハツ販売様の経営危機で、自社株を手放さすことになりました。その時、同席していた父親の辛く悔しい顔を見て、「必ず自社株を買い戻す！」と固く決意されたそうです。

それから自社株を買い戻すことを人生戦略として取り組み続けて、その意志は、息子さんの後藤敬一さんにも引き継がれ、親子2代で50年かけて自社株を買い戻されたのです。

この継続力、実行力。どれをとっても本当に凄い方です。

❖松本正洋先生のスタッフとお客様第一の〝環境づくり〟に学ぶ

松本正洋先生は、大阪府の医療法人真摯会・まつもと歯科の理事長で、矯正歯科、インプラントの技術では、日本トップクラスの実績を持たれる経営者です。著書「インプラントの正しい知識と歯科医の選び方」（エル書房）も出版されている業界も認める第一人者です。

松本先生との出会いは東京の経営者向けセミナーでした。

「患者さんのために最先端の治療を提供したい！」と、いつも一人の歯科医として、最先端の治療技術、最新の専門知識の習得に努めておられます。

そのためには努力も怠りません。経営者のお忙しい時間を縫って、何度も海外に最先端の治療技術の習得に行かれています。

吹田で開業25年
43,000人以上の来院実績

そんな松本正洋先生の医院には、最先端の治療技術を習得したいという歯科医の先生が全国から集まってこられ一緒に働かれています。そして、一緒に働いている先生も松本先生に倣い、やはり自発的に海外まで技術の習得に行かれるそうです。

経営者も働くスタッフも学び続け、高め合う。とても素敵な環境だと同じ経営をするものとして見習うばかりです。

松本先生の環境づくりは学びばかりではありません。

「一緒に働いてくれる歯科医の先生には、最高の報酬も支払いたい！」と、一緒に働かれる仲間の幸福を第一に考えて行動されています。

そこには、お客様満足度だけでなく、社員満足度も大切にされる人間味あふれる姿勢が見受けられます。もちろんお客様もその姿勢を見ています。

その結果、２０１７年は矯正歯科の初診の患者数１８７２

人と日本一に！

将来のため、子どもたちの歯の矯正をしたいと妻に相談された時、すぐに松本先生ところが安心だと思いました。

その時、ひとつだけ心配がありました。

「滋賀から大阪まで片道約1時間。妻と子どもたちはずっと通えるだろうか？」

歯列矯正は短くとも2～3年間必要だからです。

しかし、そんな心配は無用でした。

妻と子どもたちも「まつもと歯科」をすぐに気に入り、滋賀から大阪まで約1時間、往復2時間の道のりを毎月通いました。おかげで娘も息子もきれいな歯並びになり喜んでいます。

実際にお客さんになってみて、松本先生の医院づくりはやはり最高だと実感しました。

私も松本先生を見習い、経営者として社員とお客様双方へ最高の環境づくりができるように努力していきます。

❖西廣真治さんの地域貢献「恩送り」の生き方に学ぶ

私と同じ、倫理法人会の和歌山県会長として活躍された西廣真治さん。和歌山にて、日本料理「ちひろ」を経営されています。

西廣さんとお会いしたのは、倫理法人会の会合です。私も和歌山出身ということ、また、高校、大学も同じでとても親しくさせてもらっています。また、同じ会長職を経験した中でいろいろと情報交換させていただきました。

和歌山県倫理法人会は、設立30年を超える歴史がありますが、実は数年前まで25年以上にわたり、全国47都道府県で会員数最下位と低迷していました。その和歌山県倫理法人会の救世主となられたのが西廣さんでした。

西廣さんは、和歌山県倫理法人会に入会され約1年後に40歳の若さで、25年以上にわたり会員数100社以下だった和歌山県の会員数を60数社から240社まで伸ばす偉業を達成。その後、約4年間の間に海南市倫理法人会も設立されました。

また、地域貢献に尽力され、その成果をあげられています。

映画『海難１８９０』（東映）でも再度脚光を浴びた「エルトゥールル号遭難事件」その舞台は和歌山県の海岸です。

もちろん、『海難１８９０』の製作、上映にも関わり貢献されて、日本中が注目する、一大ブームを作るほどの企画として成功をおさめられました。

その成功にもあぐらをかかず、西廣さんは今日も前へと進むために、和歌山県のために行動し続けています。

「かけた恩は水に流し、受けた恩は岩に刻む」

西廣さんが、好きな言葉です。

西廣さんの恩を大切に刻み続けて、地域を大切に恩送りしていく生き方。

同じ地方都市の経営者として見習っていきます。

❖西中務弁護士の〝争わない生き方〟に学ぶ

初めて西中務先生にお会いしたのは、木谷昭郎さんのご紹介で天分塾に参加の時。年配に関わらず、とても元気で素晴らしい笑顔で腰の低い先生で驚きました。さらに驚いたのは、名刺交換して数日後、私より早くハガキをいただいたことです。ハガキは私の得意分野だっただけに、「やられた！」と思いました。後に伺ったのですが、西中先生も毎日ハガキを書かれるハガキ道の実践者。そして年賀状は、なんと毎年1万枚も出されるとのことでした！

西中先生の主宰する、「天分塾」で1年間いろいろ学ばせていただきましたが、なるほどな！　と思わされました。

毎回どなたにも変わらぬ、素晴らしい笑顔で元気な挨拶。そして、いつも謙虚な姿勢を当たり前のようにされていました。

しかし、講演の時は、「皆さーん！　聞いてください!!」と、もの凄い迫力でビックリ！熱く、身振り手振りをしながら、大きな声で語っていただいた中で、特に印象に残っている言葉があります。

「美味しい饅頭は皆と一緒に食べる！　いいことは人に伝えましょう！」

「争わない生き方をして、弁護士がいらない世の中を創りたいんです！」

　弁護士の西中先生が、弁護士がいらない世の中を創りたいと言われてビックリ。あらためて西中先生のお人柄に感心しました。

　また、西中先生はそのカリスマ的生き方で全国にたくさんのファンがいました。
　西中先生の初著書『ベテラン弁護士の「争わない生き方」が道を拓く』（ぱる出版）の出版記念講演会には、全国からの多くの参加者が集まっておられて、西中先生の人気と人徳の大きさを拝見しました。
　西中先生のようにどなたにも笑顔で真心をこめて、徳を積み重ねる生き方をしていきたいです。
　皆さんから愛され続けた西中先生でしたが、この本が出版された、平成30年2月1日75

歳でご逝去されました。

西中先生、徳を積み重ねる生き方の見本を示し続けていただき本当にありがとうございます。ご冥福を心からお祈りいたします。

林直樹さんが保険営業ＭＶＰを８年継続する〝素直な行動力〟に学ぶ

元ＪＡに勤められ、その後保険業界で大活躍されている林直樹さん。

ＴＶでもでも取りあげられて、年間60本以上の講演会・セミナーを依頼される保険営業マンです。２０１０年にはメットライフＭＶＰを入賞し、なんと２０１８年現在も継続中です！

現在は独立され、(株）リアルコーディネートで代表をされています。

林直樹さんと出会ったのは、メットライフ生命の２０１７年代理店会。

その時、講師として講演いただいたのが、林直樹さんでした。

著書「日本一になった田舎の保険営業マン」（カナリア書房）でも述べられている通り、林さんは、岡山県で一番人口の少ない過疎村を担当され、ＪＡ共済で日本一の実績をお持ちで、保険代理店として独立後も大活躍されています。

講演会後の懇親会でお話させていただき、まだ30才代の若さでご活躍され、著書も出版され、年間60本以上の講演会・セミナーを依頼され、当日も講師にも関わらず、いろいろな人の話を謙虚に聴かれる姿勢に、感心しました。

その後、林さんと2週間後、京都でバッタリ再会してビックリ！　それも鳥取県から京都まで、2時間の打ち合わせのために来られていたところのタイミングでした。

林さんは、保険以外にも、先進医療等の最先端の医療情報をはじめ、様々な分野の情報発信を続けておられます。役立つ情報の配信を継続することで、いろいろな方々のお役に立ち信頼関係を構築されているのです。

また、同業の生命保険業界にも講演、研修等を通して、貢献されていて素晴らしいです。

特にＪＡ共済の研修は、いろいろな都道府県で実績を上げておられ大好評で何年も講師を続けておられます。研修後も親身に相談にのられる林さんのお役立ちの心が継続して講師を依頼されるのだろうと納得しました。

林さんと接する中で、素直な行動力が本当に素晴らしいと実感します。

鳥取県から兵庫、大阪、京都、名古屋等、遠方でも「はい！」と気軽に爽やかに動かれています。

素直に喜んで行動する素晴らしさを林さんからあらためて学びをいただいています。

❖奥西要さんの限りなく〝相手目線〟に学ぶ

奥西要さんは、株式会社ウエストにて、メットライフ生命の代理店部門、個人部門の両部門の日本一の実績を持たれる保険業界では超優秀な方です。

奥西さんとのご縁は、私の保険営業時代の先輩のご紹介でした。

最初の印象は、とても穏やかで柔和な笑顔が印象的。お話も和やかでわかりやすく、とても情熱的で誇りを持って仕事をされていることがわかりました。

メットライフ生命の代理店部門、個人部門ともに日本一の実績を持たれる、個人としてもチームとしても日本一になったのも「なるほどな！」と思わせるお人柄です。

奥西さんのいつもわかりやすいお話は、常に限りなくお客様目線、相手の目線、立場に立って、お話され続けてこられたことが理解できます。

また、自社の社員教育以外にも約20社の保険代理店の指導育成もされています。

私の会社も奥西さんにご指導いただき、実際に大きく業績が上がりました。

そんな奥西さんは、22歳で郵政省簡易保険の営業に従事されて、20年連続最高有責者を継続し、郵政大臣表彰も4回受賞と郵政省の時代にも素晴らしい実績を上げ続けておられます。その後、保険代理店を設立されたのです。

保険業界歴は、なんと35年のご経験で約１２０００件の契約を手掛けておられます。

奥西さんは現在、保険業界、保険代理店のために生命保険営業向けの研修、講演もされて、保険業界の発展にも貢献されています。

最も納品までの期間が長いと言われる生命保険を取り扱う保険代理店、保険営業は、長く仕事を継続することが本当に大切です。

奥西さんを拝見していて、自社の継続だけでなく、保険業界全体に貢献、恩返しする生き方の大切さを実感します。

また、私を含め、奥西要さん、林直樹さん、不動正章さん、坂上寿昭さん、井口正典さんなど、保険代理店の経営者を中心に合計６名で２０１７年に株式会社スリースターという会社を立ち上げました。

●スリースターホームページ
http://www.3star.co.jp/pages/1513933/page_201712221749

この会社の目的は〝保険業界を変える〟ということです。

今の保険業界には、本来の〝保険の意義〟それを正確に、大切に顧客に伝える営業マンの役割を忘れ、間違った営業・知識・想いを持つ人があふれています。

私たちスリースターがおこなうこと。それは、本来の保険の意義〝お客様の人生を豊か

にする“をモットーにする、お客様の人生を豊かにする、コンサルティング。本物のセールスパーソンの育成です。

保険営業を変えるために、本物のセールスパーソンになりたい！　という方はぜひお声がけください。

第1章

学びと継続だらけの私の半生

【無駄な経験はない】

人は成功体験だけを認め、失敗体験を忘れたいと思うものです。

しかし、どんなに立派な人でも子ども時代や学生時代、初めての体験に失敗はつきものです。失敗を恥と思わず、成功への「学び」と思えたとき、人はどんどん成長することができます。私もそのことに気が付いたときから人生が楽しくなり、大きく好転していきました。

また、その成長を続けるためには「継続」することも欠かせません。何かを続けることには痛みや辛さが伴います。

しかし、これらは努力や気の持ちようで誰にでもできることです。そこには天才も凡人もありません。

私は凡人ですが、幼いころから知らず知らずに、「学び」と「継続」の経験を積み重ねたことにより、いまの「人間繁盛、商売繁昌」の人生が訪れたのだと思っています。

子ども時代の私
～継続で成し遂げた「たった1日での逆上がり」～

「清文、今日は父さんと一緒に、逆上がりができるまで練習するぞ！」

保育園の頃の父の一言です。

保育園の友達みんなが、鉄棒の逆上がりができるなか、自分だけが逆上がりができずにいました。この年頃の子どもにとって、「逆上がりができるかどうか」は大問題であり、幼い私にとってコンプレックスとなっていました。

保育園での私の様子を母から聞いたのでしょう、父が声をかけてくれ、近所の公園で鉄棒の練習を行うことになりました。

父は私のサポートに徹し、ときに手本を見せてくれながら、一所懸命練習し続けました。何度も何度も何度も練習しました。しかし、なかなかできません。

いつしか日は山の陰へと沈み、街灯も少ない和歌山の田舎は、すぐに夕闇に包まれましたが、それでも私は父と一緒に練習し続けました。

いったいどれくらいの時間鉄棒をしていたのか。はっきりとは覚えていませんが、最終的に逆上がりが出来るようになり、父と一緒に飛び跳ねて喜びました。

鉄の匂いがする私の手は父の大きな手に繋がれて、母が待つ家へと帰りました。


あきらめずに練習すればできるようになる、「継続」してやればできる。

この逆上がりの体得が、私の人生における「継続」の源体験でした。

もし私ひとりだったら、途中であきらめて家に帰っていたことでしょう。父が一緒にいて、最後まで応援し続けてくれたからこそ得られた貴重な体験でした。


小学校時代は、ごくごく普通のおとなしい小学生で、クラスでもあまり目立たない存在でした。

そんな小学生時代の私の楽しみが、毎年夏休みになると和歌山市に隣接する海南市の山奥にある母の実家に2～3週間泊まることでした。

一学期の終わりが近づいてくると、「あと何日寝ると、祖父母が迎えにきてくれる」とワクワクしていたものです。

母の実家では多くの大人にかわいがってもらえましたが、とりわけ私が大好きだったのが母方の叔父です。叔父は早朝になると私を起こしに来てくれて、カブトムシやクワガタ取りをする「秘密の場所」に連れて行ってくれるのでした。

こうして母の実家がある和歌山の山奥で、いろいろな昆虫を集めながら夏休みを過ごしていました。

二学期がはじまり、夏休みの宿題として提出した昆虫採集が表彰されると、叔父は私と一緒になって喜んでくれました。

それ以外にも、鮒やザリガニを獲ったり、釣りをしたり、草野球をしたりと、自然豊かな田舎で平和に育ててもらいました。週末は父とキャッチボールをしたり、海釣りに連れて行ってもらうのを楽しみにしていました。

反面、父は躾に厳しい人で、威厳のある怖い父親の記憶も残っています。私にはとても厳しい父親が、妹には優しく甘くしているように見えて、「なぜ、いつも自分だけ叱られるのだろう」と拗ねていたときもありました。

中学に入ると私は卓球部に入り、毎日練習に励んでいました。走るのは普通、身長も真ん中、そんな平凡な自分が少しでも活躍できそうなスポーツだと思って選んだのが、卓球部でした。

卓球部では小学生時代からの親友がキャプテンを務め、私が副キャプテン。大会に出ても2回戦か3回戦止まりでしたが、とても楽しかったです。


そんな私も中学3年に進級し、進路で悩むことになります。

「父親の勤務先である住友金属工業の養成高校に進むべきか？　それとも普通の高校に進むのか？」

父も母も「清文が進みたい方に進んだら良い」と言ってくれましたが、どちらに進んでもよいという状況で、かえって私は悩みました。

悩んでいる私に助言をくれたのが、私が懐いていた和歌山の母方の叔父でした。叔父は病気で小中学校にほとんど通えず、中学卒業後すぐに働きはじめた苦労人です。

「おじさんと違って進学できる状況なのだから、選択肢が多い普通高校に行って、しっかり勉強してから将来の進路を決めても良いのでは？」と言ってくれたのでした。


叔父のアドバイスで進路を決めた私が受験勉強に励んでいた11月、大好きだった叔父が突然の心筋梗塞で亡くなりました。中学3年までの15年間の人生で一番大きな悲しみが突然やって来て、私は大号泣しました。「元気だった身近な人が突然亡くなってしまう」ことを初めて経験しました。

叔父の葬儀が終わり、私はショックが大きくて受験勉強もストップしていましたが、「叔父のためにも、絶対に第一志望の高校に合格しよう」と勉強を再開し、無事に合格できました。

希望校に進学した私は高校でも卓球部に入りました。高校の卓球部は、男女ともに個人、団体戦で和歌山県大会で優勝している強豪チームでした。他府県で開催される近畿大会などに遠征で連れて行ってもらえたのは、中学時代にはない楽しい経験でした。

中学で副キャプテンを務め卓球経験者だった私も、強豪校の卓球部では平均以下のプレイヤーでした。しかも強豪チームだけあって練習はかなりハードで、夏休みも練習に明け暮れる毎日。

1年生だった私は正直うんざりしていて、夏休みのある日、同級生数人で部活を休んで、海に泳ぎに行ったことがあったのですが、すぐにサボったことはバレてしまい翌日こっぴどく叱られました。

一方で、大会で優勝している先輩は、夏休みであっても毎日毎日、最初から最後まで黙々と練習を続けていました。

やがて二学期がはじまると、放課後だけでなく朝練も積極的にされていて、練習を毎日継続することで強くなるという手本を、後輩の1年生達に示していただいたのです。

そんな先輩の気持ちが1年生の間に伝播したのか、やがて気持ちを入れ直して練習に打ち込むようになりました。

強豪チームで練習に励んだことで私の卓球の実力は中学時代と比べて格段に強くなりました。おかげで、和歌山県内で団体戦ベスト4、ダブルス戦ベスト8の成績を残すことができたのです。

先輩のようにコツコツ練習を継続する大切さに、もっと早く気がついていたら、もう少し上も目指せたのかなと思います。

大学時代の私
～高い授業料で継続の大切さを知る～

高校を卒業した私は、京都にある同志社大学の電気工学科に入学しました。

本当は学費の安い国公立大学への進学を希望していたのですが、力及ばず不合格に。国立と比べて学費も下宿代もかかる同志社大学への進学を許してくれた両親に感謝の気持ちでした。

私が入学した年、同志社大学の田辺キャンパスはちょうど開設1年目にあたり、真新しい校舎で大学生活をスタートできることをとてもうれしく感じました。同時にはじめての一人暮らしもはじまりました。

両親の負担にならないよう、下宿先はなるべく安い家賃のアパートを探して、築30年以上の古いアパートに決定。お風呂は共同でしたが、駅から徒歩3分と立地の良いところが気に入りました。なるべく少ない生活費でやりくりしようと、ご飯を炊いて、みそ汁を作って自炊生活をし、アルバイトもはじめました。

私が選んだアルバイトは新しくオープンしたての京都府宇治市にあるスキーショップでした。和歌山育ちでスキー経験の無い私でしたが、面接での熱意を買ってくれたのか採用していただけました。

スキー未経験の私の仕事は、店頭でスキー板やブーツの説明をして販売することでした。

最初は社員の人に商品について教えてもらい、たどたどしい説明をしていましたが、慣れてくると、まるでスキーのベテランかのように説明して販売していました。

接客の際はお客様のスキー経験を最初に聞くようにしました。スキー初心者の方であれば、社員の方から教えてもらったスキー板、ブーツ等の選び方を話して販売。スキー上級者には、こちらがいろいろ教えてもらいながらお客様が希望される商品を販売しました。

スキー経験がないことが却って良かったのか、お客様の話を聴きながら販売するスタイルは予想以上に売れて、自分でも驚きました。スキーショップで知り合ったバイト仲間とも仲良くなり、バイト後や休日によく遊びに行くようになりました。

はじめてのアルバイト体験が楽しくて、没頭しすぎたあまり学業で少々失敗もしました。試験前日までほとんど勉強していなかったドイツ語の試験で、前日深夜まで友人宅で猛勉強して帰宅したのが深夜2時頃。

朝起きてビックリ！　すでに試験の時間が終わっていました。情けないことに寝過ごして、ドイツ語の単位を落としたのでした。

3回生になると京都市内の今出川キャンパスに通うことになるので京都市に引越しをし

て、友人の紹介で家庭教師のアルバイトをはじめました。

この頃から両親が一所懸命に働き、仕送りしてもらい、大学で学べているありがたさを忘れていました。「家庭教師のバイトで稼いでいるから」と、以前より家賃の高い新築のマンションに住んでいました。本来はバイトで稼いだ分、親からの仕送りを減らしてもらうべきだったのに、当時の私は甘えたまま。今振り返ると、お恥ずかしいことですが両親の苦労を忘れていました。

和歌山の田舎で育った純朴な青年もこの頃になると、すっかり都会に染まってしまい（？）3回生、4回生の2年間は、最低限の授業だけ出席して研究もほとんどせず、毎日のように友人とパチンコに通って、「蛍の光」が流れたら帰るような生活をしていました。

パチンコでバイト代以上に稼いだ月もありましたが、長続きするはずもありません。負けると熱くなりやすい性格だった私は、結果的にバイト代をパチンコに注ぎ込んでいて、大負けして財布が寂しいパチンコ屋の帰り道、近くの友人宅で晩御飯をごちそうになるのが日課でした。

パチンコの軍資金がなくなると和歌山の祖母の家にお墓参りに行っていました。不思議なものでいつもお墓参りに行った後は、一週間ぐらい好調だったのです。

今から考えると、この頃の私は下心いっぱいのお墓参りで、天国の祖父、叔父、ご先祖様も呆れていた気がします。

勝ったり負けたりのパチンコ生活から、「人生は甘くなく、コツコツ真面目に継続して働くことが大切」だと学ばせていただきました。いささか高い授業料となりましたが。

社会人時代の私
～継続で乗り越えた、一部上場企業の商品クレーム対応～

なんとか同志社大学を卒業した私は、第一志望だった「キーエンス」へ入社することになります。

皆さんは「キーエンス」という会社名を耳にしたことがあるでしょうか。われわれの生活に直接なじみはありませんが、産業機器の開発製造販売を手がけている東証一部上場企業で、待遇面が充実していることから、就職する学生に人気がある企業でもありました。

入社1年目の秋、新人研修を終えた私はクレーム対応の部署に配属されました。

クレーム対応というのは、お客様が商品に不満を持たれているところから始まるわけですから、いわばマイナスの人間関係からスタートすることになります。社会人1年目だった私は、いきなり強烈な洗礼を浴びることになりました。

「納品した商品が動かない」との連絡を受けて、はじめての出張でお伺いしたのが、とある工場でした。

「動かない理由は、何なんや！」お客様はカンカンです。

私は質問を受けて、わからないことがあれば本社の技術担当者に電話で聞いて答えたり、「商品のおかしい部分を分解して説明してくれ」と言われれば急遽、分解して説明したりと終日対応に追われ、結局、午前中に工場に入って出てきたときには夜の11時をまわっていました。

それでも残念ながらその日のうちには解決に至らず、翌日上司にも来てもらい、さらに案件を持ち帰ることになりました。最終的に、原因究明し対策を報告して納得いただき対応完了となりました。

こう書くと、「やはりクレーム対応の仕事は、理不尽な事を言われて大変なんだな」という印象を持つ方もいるかもしれません。

しかし、お客様の希望は一貫して、「理由と原因と対策を示せ」というものでしたから、言われていることは決して理不尽ではないのです。

幸か不幸か、最初のクレーム対応が大変だったことが、新人の私には良い実地研修となり、その後のクレーム対応を卒なくこなせるようになりました。

クレーム対応の件数を重ねていくと、自分なりのコツというか、対応のノウハウが身についてきました。

じつはクレームの半分以上はお客様の使い方の問題であることも多いのです。

しかし、最初からそれを指摘するのはＮＧです。仮にお客様の使い方に問題がある場合でも、お客様に納得していただくのが私の仕事です。いきなりこちらの言い分を申し上げてもお客様は納得してくれませんので、最初は、お客様の話を聞きます。一切こちら側の話は切り出さないようにするのです。

あるケースでは、先方の指定された時間通りにお伺いしたら、いきなり「遅刻するとは何事だ！」とおしかりを受けたこともありました。聞くと営業マンに「もっと早く来るように」と伝えたとのことなのですが、私は営業からは何も聞いていませんでした。

訪問したらいきなり怒られた格好で、しかも商品が動かないのと、遅刻したのとダブルで烈火の如く怒っておられる状態です。

そこでも言い訳は一切することなく、まずは謝罪するのが鉄則です。

お客様は1時間半から2時間にわたり、「おたくの営業マンの対応が」、「この前納品された商品が」といろいろな不満を口にされます。

しかし、2時間ぐらい話を聞いていると、お客様もだんだん冷静になってきて、眉間にあったシワの本数が減ってきます。そうなると、徐々にトーンダウンしてくるので、今度は聞く姿勢ができてきたことを意味します。

このタイミングで、あらかじめ原因を推定して資料を持参しているので、実際に現場に入って確認させてもらうことで、結果的にお客様に納得していただけました。

クレーム担当は最悪の第一印象からお客様との関係をスタートさせることになります。

しかしながら、しっかりとした対応をすると信頼を勝ち得る、またとないチャンスにもなります。

実際、私がクレーム対応をしたいくつかのお客様は、次からは営業担当ではなく私のところへ連絡をくださるようになりました。

このように、クレーム対応がきっかけでお客様との距離が縮まることもあり、全国にあるお客様の工場の部品交換を、お客様と一緒に回るような経験もしました。

この仕事にやりがいを感じ、日々のクレームに真正面から向き合っているうちに、いつしか私は昇進し、管理職となっていました。

嫌いだった保険への加入で知った、ファイナンシャルプランナーの世界

私が妻と結婚したのは28歳のとき、いわゆる職場結婚で、結婚と同時に妻は退職し、専業主婦になりました。子宝にも恵まれ、サラリーマン時代に一男一女を授かりました。

今でこそ会社で保険代理店を経営し、多くの保険商品を取り扱う私ですが、その当時は大がつくほどの生命保険嫌いで、独身時代にいたってはひとつも生命保険に入っていませんでした。

当時の私は「生命保険というものは、不安につけこんで不必要なものや損するものを無

理やり売り込むものだ」といったイメージが強く、昼休みに職場にやってくる保険のセールスもなるべく避けるようにしていました。

そんな私も30歳を過ぎて父親となって、会社の先輩から「保険アレルギーの能登にもおすすめだから」と紹介されたのが外資系生命保険会社、アリコジャパンの担当者でした。

打ち合わせに現れたアリコの担当は、パリッとしたスーツを着こなす清潔感のある身だしなみと、柔和な表情。ひと目で誠実な人柄と思えてくる第一印象です。

そして何より、営業スタイルが私が今まで見てきた保険の営業マンとは違いました。その方は一切保険の売り込みをしないのです。

まず何も知らなかった私に保険の基本的な内容を一から教えてくれて、ライフプランや人生設計の大切さや、資産運用といった役に立つ情報を教えてくれました。

それまで株はもちろん、資産運用に関わることは何もしたことがなく、ただ働いて貯金しているだけだった私には、目からウロコの連続でした。

その方に会ってはじめて自分のライフプランを考え、これから増える家族のことや自分の老後についても真剣に考えるようになりました。この間一切の売り込みどころか提案もありませんでした。

あるとき、アリコの担当者に「なぜそんなに、色々なことに詳しいのか」と尋ねてみたところ、「ファイナンシャルプランナー」という資格を持っているからだと教えてくれました。私がファイナンシャルプランナーという資格を知り、それを活かした仕事があると気づくきっかけでした。

その方は、これまでの私に欠けていた人生設計に大切な知識を一通り教えてくれた後、最後の最後に保険を提案してくれました。

人間、いろいろな理解が深まってくると、さらに物事を知りたくなるものです。そのタイミングで「よかったら提案しましょうか」と言われたら自然と受け入れることができるし、自分でも納得して保険選びができました。

こうして私は、生命保険加入をきっかけに、その人の影響もあってファイナンシャルプランナーの資格の勉強をし始めました。

そして、私が「保険の営業ってすばらしい、人の人生をサポートできる大事な仕事なのだ」と認識を改め、ファイナンシャルプランナーの資格を取得した折に、父の他界が重なったのです。

父の死で思い知った、命の有限性

順調な会社員人生を送っていた私が、キーエンスを辞め転職に踏み切ったのは、冒頭に書いた父親の他界がきっかけでした。

父は64歳で突然亡くなりました。定年退職して4年で、まさか亡くなるとは誰も思ってもいませんでした。父は退職金と預貯金を残していてくれたので、残された母がすぐに生活に困るようなことはありませんでした。

しかし、母親の今後の暮らしや人生をどうするかは重要な問題でした。父が生きていたときと比べて、もらえる年金は約半分に減っていますから、あまり贅沢はできません。

ファイナンシャルプランナーの資格を取得した直後だった私は、計算した結果を母に伝えました。「母さん、今まで通りお金を使ってたらあかんよ」母は何かとお金のことを気にするようになりました。「なるべくお金を使わないように」と意識して生活する様子が伝わってきます。そんな母を見て私は「何とか、母がお金で苦労しないようにしてあげたい」

と強く思うようになりました。

父が64歳で亡くなったとき、現役時代に加入していた保険の多くが契約切れとなっていました。唯一、死亡時の給付金として300万円が出ましたが、それは葬式代で消えてしまいました。残された母の姿を見て「老後の保険も大切なのだ」と痛感すると同時に、「多くの保険が定年退職を迎える60歳で切れるようになっている。それを前提としたライフプランは間違っているのではないか」と感じました。

冒頭でもお伝えしましたが、当時の私は、大阪に本社を置く東証一部上場企業のキーエンスに在職していました。

14年間、自ら率先して朝7時から夜の11時、12時まで仕事をする毎日。それこそ父の見舞いもままならない、仕事人間のお手本のような生き方でした。

誤解していただきたくないのですが、私はキーエンスという会社も仕事もとても大好きでした。学閥はないし、年功序列もない、一所懸命働き成果を出した人間を認めてくれる、とてもいい会社です。仕事での成果が認められて管理職に昇進しましたし、収入面でも同級生と比べて恵まれており、不満はありませんでした。

もし、私が再びサラリーマンになることがあれば、再びキーエンスで働きたい。それくらい本当に素晴らしい会社なのです。

しかし、それ以上に「いまの私が働くべき場所」と感じたのが保険の世界でした。

一年後に死ぬとしても・・・覚悟を決めて保険会社へ

じつはアリコへの転職の話をくれたのは、私が保険に加入したアリコの担当者からでした。尊敬しているその方からオファーを頂いたので、私は「運命かな」と直感しました。

しかし、転職にあたり直面する問題がありました。

外資系企業であるアリコは、営業成績が良ければ収入も期待できますが、悪ければゼロになる厳しい世界でした。フルコミッションで働くことになり、2ヶ月間契約がなかったら解雇されてしまいます。

アリコの人事からも「本当にうちに来るんですか？　うちに来てもキーエンスより高給になるのは難しいですよ」と心配されたくらいです。

限られた人が超高額な収入を得ている反面、多くの人は私がキーエンス時代に得ていた年収レベルよりも低いというのが現状で、私がアリコに転職しても今の収入を超えるのはそう簡単ではない、とのことでした。

私の転職には妻も反対していましたし、妻の両親も反対でした。さらに会社の上司、社長、会長までもが反対しました。

「キーエンスで頑張るべきか、保険業界に転職すべきか」

迷いに迷っていたときに、ちょうど読んでいた本、安田佳生氏の著書『採用の超プロが教える仕事の選び方人生の選び方』（サンマーク出版）の見出しに目が止まりました。

『一年後に死ぬとしても、あなたはその仕事を選びますか？』

悩んでいた私にとって、身体に電流が走るような深く刺さる言葉でした。

その一行が「一度きりの人生、やりたいと思ったことをやろう、自分も変わろう」と決意させたのです。

こうして私は新天地となるアリコジャパンへの転職を決めました。

人間貧乏で、孤独との戦いの連続だった独立当初

転職する直前、創業者でもあるキーエンス会長からこんな話をいただきました。「うちからアリコジャパンや、ソニー生命に転職した人間は少なからずいるが、その多くが失敗している。もし、一年くらいやって、アカンかったら、そのときはうちに戻ってこい」優しいお言葉に感動すると同時に「絶対に戻らなくていいように頑張ろう」と発奮しました。

私が保険業界に入る際に目標にしたのは、「MDRT」に入ることでした。MDRT（Million Dollar Round Table）とは、保険業界で営業成績のトップ3％、あるいは1％の人だけが入会できると言われている、世界共通の会員組織です。

MDRTへの入会には商品知識もさることながら、倫理観も求められ、チャリティやボランティア活動にも参加しています。

尊敬するアリコの担当者から誘われた際に、彼からMDRTの話を聞き、アメリカやカナ

ダで年1回開かれている、世界大会の様子をビデオで見せてもらう機会がありました。とても華やかで格好良くて、私は「自分もあの場所に行きたい！」とすっかり魅了されてしまったのです。それも保険業界に飛び込む大きなモチベーションになりました。

入社初日も、自己紹介で「MDRTへ入会することが目標です！」と意気揚々と話しました、先輩方からは「変わったやつが来たな」と思われていたようです。

今思えば恥ずかしいのですが、全くの初心者が初レッスンで「オリンピックを目指します！」と宣言するようなレベルの話だったのです。

意気揚々と転職したものの、最初はうまくいかないことばかりでした。大企業であるキーエンスから離れた自分は、ただの人。何も持っていない「人間貧乏」だったのだと、嫌というほど気づかされました。

アリコジャパンに転職した当初、滋賀県に経営者の知り合いはゼロ。つまり、どこにも営業先がありませんでした。

転職にあたり「あたらしく保険の仕事を始めました」と、挨拶の手紙を知り合い全てに送りました。何百通と書いたものの、滋賀県の住所はたったの8人だけでした。元の職場であるキーエンスの関係者が7人、親戚が1人。滋賀県に6年間住んでいても、実際には夜寝るだけの場所みたいな生活を送っていたので、ご近所にも町内にも知り合いはいませんでした。

そんなとき、大阪の知り合いから「大阪府中小企業家同友会」を紹介してもらい、「例会」と呼ばれる会合に2回ほど参加し、入会を決めました。

しかし私の地元、滋賀県で入会する必要があるため、大阪の事務局経由で「滋賀県中小企業家同友会」に入会することにしました。

正直に言うと「もしかしたら、これで経営者の知り合いができるかも」という下心もありました。しかし、会の中では人間関係がすでに出来上がっていて、知り合いが1人もいない私は、孤独で寂しい思いをすることになります。

それというのも、通常「滋賀県中小企業家同友会」に入会しようと思ったら、滋賀県の経営者の紹介で入ることになるのですが、私の場合、「大阪府中小企業家同友会」を経由して入会したために、紹介者がいないのです。「知り合いを増やせたら」と思って入った会でしたが、結局、常に一人ぼっちという有様でした。

同友会に入会して3ヵ月くらい経ったころ、例会に参加すると、あいかわらず皆さん仲良さそうに、親しげに話をして盛り上がっています。しかし、私はその輪に入れず孤独感いっぱいで、その様子を輪の外から眺めているだけでした。和気あいあいとした雰囲気の会の中で、自分だけがぽつんと孤立している。その疎外感は辛いものでした。「もういっそ、退会しようか」と思っていたほどです。

たまに勇気を出して恐る恐る私の「アリコジャパン・ＡＩＵ保険代理店」の名が入った名刺を出すと、

「ああ、保険屋さんね。うちは、◯◯さんに保険は任せているから」

「いやあ、保険はいっぱい入っているからね」と距離を取られてしまいます。

あらためて「保険の営業は嫌がれているのだ」と痛感しました。人によっては露骨に嫌がられることもあります。

そんなとき、後の私の大恩人となる株式会社トップの新庄昇社長が「最近入った能登くんだよね？　このあと懇親会があるので参加しないか」と懇親会に誘ってくれたのでした。

誰にも声も掛けられず、寂しかった私にとって新庄昇社長からのお誘いはとても嬉しいものでした。懇親会に参加できたおかげで、数人とお話しできる間柄になれて、本当にありがたかったです。

これは後から知ったのですが、新庄昇社長は、当時、「例会委員長」という役職で、皆に懇親会参加を促すために声かけをする役目だったそうです(笑)。しかし、私にとっては、まぎれもない救世主でした。

新庄昇社長からは「能登くん、最低でも2年間は同友会で営業するなよ。営業しなかったら、必ず将来の営業につながるから!」とありがたいご助言をいただきました。

新庄昇社長は、過去に保険の営業マンが、同友会入会後すぐに保険営業をして、皆から煙たがられて退会していった様子を何度となく見てきたそうです。このご助言を頂けなかったら、私も同じ轍を踏んでいたでしょう。

こうして同友会で浮いていた私は、新庄社長との出会いで、声を掛けていただける嬉しさ、人のあたたかさを実感し、同友会に通うことが楽しくなってきました。

人付き合いは写し鏡

保険業界に転職した直後の私の知り合いといえば、もっぱら前職「キーエンス」の関係者しかいませんでした。必然的に、かつての同僚に「保険の話を聞いてほしい」とアポイントの電話をすることになります。

連絡をとると、対応が2パターンに分かれます。快く会ってくれる人と、「保険の話はいいです」と断る人。

かつて、保険の営業マンを避けていた私が言えた義理ではありませんが、自分が営業する側にまわって断られると、こうもショックなのかと感じました。精神的なダメージは相当なもので、電話の受話器を持ち上げると、心臓の鼓動が早まり変な汗をかくときもありました。

留守電にメッセージを入れておいても、折り返しの電話がもらえないことも珍しくありません。キーエンス在職時に電話したときは、休みの日でもすぐに折り返しの電話をくれた人であっても、退職後は折り返しの電話すらもらえなくなる。私のことを慕ってくれていた後輩から距離を置かれることもありました。厳しい現実でした。

やがて、電話しないと仕事にならないのに、私は1時間、2時間かかっても電話を1本も掛けられない状況に陥りました。電話恐怖症とでも言うのでしょうか。電話をかけようとしても「また断られたらどうしよう」という不安がよぎり、受話器を置いてしまうのです。

この辛い体験から、私という人間を「能登清文」という個人として付き合ってくれた人たちと、「上場企業キーエンスの課長」として付き合ってくれた人に分かれていたことを思い知らされました。分かっていたつもりですが、大企業を退職して看板や肩書を捨てることの意味、世の中の厳しさをあらためて痛感しました。

つきつめると、人付き合いとは「自分自身の今までの人生の写し鏡」なのです。ないがしろにしていた部分があると必ず自分に返ってきます。

辛い経験を経て、私は人付き合いの在り方や営業スタイルを見直して「電話せずにアポイントが取れないか」、「売り込むのではなく、先方から相談してもらえないか」と考えるようになりました。

継続を重ね、毎月10件以上契約18か月継続達成！

キーエンス時代、昼休みにやってくる生命保険の売り込みが嫌いだった私は、アリコに転職後「売り込みはしたくない、自分は売り込むような営業はしないぞ」と常日頃考えていました。しかしながら、私が理想とする「待つ営業」スタイルを実現するには時間が必要でした。

相変わらず電話をするのは苦手でしたが、そもそも電話をしなければアポイントがとれません。アポイントがなければスケジュール表は真っ白のままです。これでは仕事にならないし、収入にもなりません。

そこで、辛くてもまずは「この日だけは電話を絶対かける」という日を作ってがんばるようにしました。決意の転職ですからこの仕事で妻と子どもたちを養っていかねばなりません。苦手な電話は気合で克服することができました。

そして私は、マネージャーとも相談しながら目標設定をし、憧れのMDRTに伝わる「保険業界で成功するたった一つの秘訣」を、やり続けることにしました。

その秘訣とは、「毎日3人のアポイント、週15人のアポイント」を達成するというものです。

MDRTにあこがれていた私は達成のためにただひたすら努力しました。そしてこの目標の達成にはキーエンスの元同僚の応援や紹介が不可欠であり、支援してくれる人のありがたさを実感しました。


アポイントを取ってお客様に会いに行くと、前職でのクレーム対応の経験が役に立ちました。

クレーム対応でもそうでしたが、保険の営業でもまずは、お客様の要望や希望をじっくりと聴くことです。訪問していきなりベラベラこちらの商品説明をしても、関心を持ってはもらえません。

ただ、クレームの場合は、最初から解決すべき問題が明確になっていますが、保険や資産運用の場合は、すぐには問題点がわかりません。しかし、よくお客様のお話を聞いていくと、その中でお客様の抱えている問題や不安が見えてくることがあります。

それをどのように解決すればいいのか、そのためには、どのようなライフプランがいいのか。お客様は、本心ではどうしたいのか。質問を交えながらさらに聞いて理解した上で、親身になってお客様に最適なプランを考え、ご提案するようにしました。

顧客となるサラリーマンの方は平日は打合せ不可能な方が多く、必然的に私は土曜日と日曜日に朝早くから夜遅くまで、なるべく多くの人とお会いするアポイントをいれるようにしていました。

「家族と過ごす時間も確保したい」という思いもあって転職したにもかかわらず、結果的に家族と過ごす時間はさらに少なくなる状況でした。

その努力のかいもあり、私は社内の「ルーキーコンテスト」に入賞します。これは1000人に5人しか受賞できないといわれる、ハイレベルなコンテストで、毎月10件以上の契約を18ヵ月続けた人がもらえる賞です。私の同期では、私を含めて2人だけの受賞でした。

毎日、毎週、必ずアポイントを入れて「毎日3人のアポイント、週15人のアポイント」を達成し続ける。シンプルではありますが、これを継続することがとても大切なのです。

アリコジャパンに転職後、これといった家族サービスをできないままだった私は、ルーキーコンテストでの表彰を記念して、妻と二人で東京の帝国ホテルの食事に招待していただきました。

妻に初めて「転職して良かったね」と褒められた瞬間でした。MDRTへの入会も達成して、アメリカの世界大会にも参加できました。

人生を変えた、「倫理法人会」との出会い

自分なりの保険営業スタイルができつつあった私を、さらに大きく成長させた出来事が、平成18年6月に「滋賀県びわこ湖南倫理法人会」への入会でした。

「滋賀県びわこ湖南倫理法人会」とは全国で約6万5千社の会員を有する倫理法人会の692単会の中のひとつの単会にあたります。

「倫理法人会」に入会したきっかけは、「滋賀県中小企業同友会」でお世話になっている株式会社トップの新庄昇社長と、社会保険労務士事務所中嶋事務所の中嶋忠男所長から、同

じ日に講演会のお誘いをいただいたことです。「これはご縁があるに違いない！」と直感して参加を決めたのでした。講演会に参加してみると、なんと５００人もの参加者で会場は満員、場内の熱気に驚きました。

講演会終了後、新庄社長から「能登くん、明朝6時30分から倫理法人会のモーニングセミナーがあるから是非参加しよう！」と言われました。

「え？　夕方6時30分ではなくて、朝の6時30分からでしょうか？」

思わず聞き直したのを今でも覚えています。

そして翌朝6時30分。私は眠い目をこすりながら「経営者モーニングセミナー」に初めて参加しました。前日の参加者５００人に対して今回は約25人の参加者、そのほとんどが60歳以上の経営者で、自分からすると父親世代にあたる大先輩ばかりです。お誘いいただいた新庄社長は50代、「倫理法人会」では若手でした。

セミナーが始まると私の眠気はすぐに吹っ飛びました。

60代の経営者とは思えない大きな声の挨拶や、開始早々の大きな歌声に圧倒され、「万人幸福の栞」という、この会における教科書のような小冊子の輪読にも圧倒されました。

正直にいうと「ひょっとして、自分は場違いなセミナーに参加してしまったかな？」「もしかして宗教団体か何かなのでは？」と一抹の不安を感じながらのセミナー参加となりました。驚きの連続ではありましたが、その日一日、爽快な気分で過ごすことが出来たのも事実でした。「朝早起きしてセミナー参加する」ことの効能を実感したのです。

セミナー終了後、新庄社長に入会のお誘いをいただき、正式に「滋賀県びわこ湖南倫理法人会」に入会。夜型人間だった私が、本格的に朝型人間に生まれ変わるスタートとなりました。

・倫理法人会で出会った会員とのエピソード

平成18年に滋賀県びわこ湖南倫理法人会に入会したことで、会員の方々とのご縁をいただきました。

その中にS生命保険ご出身で半年前に保険代理店として独立起業された同じ生命保険業界の先輩となる株式会社ウェイグッドの堀内潤社長がおられました。

「同じ生命保険業界で私も半年前に独立起業したばかりです。何でも気軽に相談してくださいね」あたたかい優しいお言葉をいただきホッと嬉しくなりました。

さらに、保険代理店としての最初の1年間の大変さ、注意すべきことだけでなく、保険代理店として必須の相談会の開催方法など、様々なアドバイスをいただきました。

「そんな具体的に教えていただいてよろしいのですか?」

「いいよ。いいよ。いろいろ参考にしてくれたら!　まあ、1年間は大変だろうけど是非がんばってね!」

気さくに、大きな心で親身にご助言くださりとても嬉しかったことを覚えています。

堀内社長のお姿を通して、倫理法人会の会員のあたたかさ、他人のために尽くす姿勢の素晴らしさを感じました。

また、尊敬できる保険業界の先輩とのご縁もいただき感謝の限りでした。

堀内社長の教えは、その後、多くの方々とも交流を持たせていただく私の「人間繁盛、商売繁昌」の原点となりました。著書『「退職金制度」はやめなさい!今なら間に合う、社員と会社のための人事制度改革』(ATパブリケーション)も勉強のため何度も読み返しました。

堀内潤社長のおかげで経営者の私の今があります。本当に兄のような存在でした。

※堀内潤さんは2016年11月に惜しまれつつ永眠されました。

収入12分の1の減少を選び勉強、独立で復活劇！

キーエンスからアリコジャパンに転職した当時、「アリコで5年間、経験を積んだら独立したい」という計画がありました。

ところが2年半でアリコから他の保険代理店へ移ることになってしまいました。その理由は会社の制度が変わり、今までは入社5年で独立できていたのに、55歳にならないと独立できなくなったからです。


当時私は38歳。

「え、55歳って、20年ちかく先じゃないか？　おいおいそこまでは待てないよ」

そう考えていたところ、嬉しいお誘いが来ました。尊敬している大先輩であり研修の先生である株式会社エイムの福地恵士社長、株式会社ウイッシュアップの牧野克彦社長が経営されている保険代理店に「来ないか？」と声をかけて頂いたのです。

「これはチャンス到来だ！」そう思うと同時に、悩みもありました。

アリコで2年半頑張ってきた私には150人ほどのお客様がいました。みなさん私の「一生、面倒をみます」という言葉を信じてくれた方々です。この方々はアリコジャパンのお客様ですので、私が代理店に移る際、契約を持っていくことはできません。

その事には大変迷いましたが、「複数の会社の保険商品を扱うことがお客様のためになる」という思いもあって、覚悟を決めた私は、すべてのお客様150人に対して一人ひとり謝りに行くことにしました。


アリコを辞める最後の3ヵ月は、1件も契約をせず、ただひたすらお客様のもとへ出向き、自分が担当できなくなることを謝り、引き継ぎの手続きに徹しました。歩合制なので、新規の契約がなければ当然給料もゼロです。でもそれは、自分の責任を果たすためには仕方のないことです。

お客様の中には、「能登さんがいなくなるなら保険をやめる」と言う人もいたり、「能登さんの次の会社の保険にも入るよ」と言ってくれる人もいました。ありがたいことに、親しくしてくれたお客様のほとんどが、私の決意を応援してくれました。

新たに移った代理店では、自分の希望通り、お客様ごとに最適の保険を提案することができました。業務内容はアリコ時代とそれほど変わりません。しかし、収入は大きく変わりました。アリコ時代と比べて収入が12分の1にまで減少してしまったのです。

代理店では当初、手数料収入の額が大きく減ってしまいます。転職時にある程度の収入ダウンは予想していましたが、この減り方は最悪のケースに近いものでした。幸い妻が貯金をしてくれていたので、貯金を崩しながらの生活がしばらく続きました。

そして、平成19年（2007年）2月、お世話になった保険代理店「株式会社エイム」の取締役と滋賀支店の支店長を兼務しつつ、自分の会社「株式会社クオリティライフ」を設立し、代表取締役として正式に独立を果たしました。

独立し、自分の城を持つということは、再度お客様も収入もゼロから再スタートすることを意味します。独立後は、2年半走り回って、ようやく150人のお客様に保険にご加入頂くことができました。

独立を機に、今までやってきた個人向けの生命保険から、企業や経営者を対象とした生命保険に特化しようと考えました。

当初は、個人のお客様が多かったのですが、2年を過ぎた頃から経営者のお客様が増え始めました。顧客ターゲットを経営者に絞ることで、2年を過ぎた頃から売上もサラリーマン時代より増え、少しずつ挽回していきました。

○独立起業を助けてくれた恩人、新庄昇社長

私は「倫理法人会」に入会した半年後、保険代理店として独立起業を果たしました。その起業にあたって、いろいろと教えていただき準備を助けてくださったのも、これまでに何度か登場している、株式会社トップの新庄昇社長です。

新庄社長は、倫理法人会歴10年以上、同友会歴25年の大ベテランとして、「継続」の学びを実践されている方でした。

剣道七段の達人という一面もあり、これも毎日、毎日、稽古を続けて「継続は力なり」を体現された賜物です。実際に行動されている方が発する言葉にはやはり説得力が伴うものです。

私は新庄社長から、事務所開設に必要となる事務用品、印鑑、電話等の準備や、登記、手続き等の専門家までご紹介いただき、本当に助かりました。

「能登くん！　経営っていうのは地道に続けることが大切や。倫理法人会も同友会も長く続けることや。とくに能登くんの仕事の場合、倫理法人会や同友会で活動を続けることで、

結果的にお客様も増えてくるんや！」

「わかりました！（意味はまだ理解できませんが）精一杯やってみます！」

新庄社長は、私を倫理法人会に導き、独立起業を助け、継続の大切さを教えてくださった大恩人です。

そして、私の人生において最大の転機となった「富士研のセミナー」に導いてくれたのも新庄社長でした。

富士研のセミナーで号泣・・・両親の愛に気付く

「お父さん、ごめんなさい、本当にごめんなさい」

富士山のふもとにある、倫理法人会の研修所（通称・富士研）で私は涙を流しながら亡き父に謝罪をしていました。いつ以来でしょうか。こんなに涙を流して謝ったのは。

平成20年1月、私は初めて「倫理法人会」の「富士研セミナー」を受講していました。

研修で私は、雪の上で正座をして自分を見つめ直す「自照清坐（じしょうせいざ）」や、自分の命の源に遡って両親をはじめ幾百千乗の恩の中に生かされていることに感謝する「恩の遡源（おんのそげん）」について学ぶなかで、自分が大学時代に両親に多大な苦労をかけていたことに気づかされました。

両親からの無償の愛。

「学生のときに気づけばよかった」と反省しました。

両親は私を大学へ行かせるために節約の日々を過ごしていました。学費に下宿代、何かと出費はかさみます。「子どもにだけは不自由させない」と、つつましい生活を送りながら私を支えてくれていたのでした。

大学に入学してしばらくたったある日、実家に帰ると見たことのない軽自動車が停まっていることに気がつきました。

「あれ、車変えたん？　なんで軽にしたん？」と聞くと、父は「年とったから、小さい軽自動車のほうが運転が楽なんや」と笑っていました。

大学3回生になるとき、私は下宿先を宇治市から京都市へ引越しました。引越し作業は父がワンボックスの軽自動車で駆けつけてくれて、ふたりで3往復して荷物を運び出しました。このとき父は「どや、ワンボックスの軽自動車に乗り換えて良かったやろ！　これなら荷物がいっぱい積めるからな！」と笑っていました。

しかし、私が大学卒業後、実家の車はふたたび普通自動車の新車に代わっていました。

当時の私はその変化の意味するところに気づかず、社会人になってからも気づかず。やがて子を持つ親となり、父が亡くなって、この富士研のセミナーに参加して、ようやく気づいたのです。父は私を大学に通わせるために、少しでも生活費を節約しようと軽自動車に乗り換えていたことに。そしてあらためて父の愛情の深さ、両親のありがたさに胸を打たれました。本当に感謝の2日間でした。

ここで、簡単に富士研での1日のスケジュールをご紹介いたします。

・5時に起床。館内やトイレの清掃から1日がスタートします。トイレは基本素手で掃除します。清掃後は 軽く体操。
・6時から講座がスタート。天気がいい日は、日の出を見に外に出ることもあります。

朝日を受けて輝く赤富士は息を呑むほどきれいです。
・7時半からの朝食では、箸の使い方などの食事のマナーも教わりながら和食を頂きます。
・朝食が終わると、また講座が始まります。座学以外にも、外に出て正座をしたり、希望者は滝行もできます。研修所の中には人工の滝があり、富士の冷たい地下水を汲み上げています。
・夕食後は人生を振り返るような講座があって、生まれたとき親にどういう声をかけてもらったか、どうお世話になったかを振り返る時間があります。そこで、親やお世話になった人に手紙を書くことになります。

親に素直に感謝を伝えるのは、気恥ずかしさがあるものです。しかし、この機を逃すと恐らく「自分は絶対に親に手紙なんて書かないだろう」と思い、この講座で父への手紙を書きました。

『お父さんありがとう。
お父さんとお母さんの子どもで本当に良かったです。
生きている間に言えずにごめんなさい。ありがとう。
清文拝』

書いた手紙は、研修所にある手作りの簡易ポストに投函します。この場で投函せずに持ち帰ると、冷静になってしまい、結局出さずじまいになるからです。皆が書いた手紙は後日、セミナー講師が責任をもって郵便局のポストに投函してくれます。

私は恥ずかしさを残しつつも「もう送ってしまったんだから仕方ない」と覚悟を決めました。

私は2日間の学びから、次の3点の実践を決意しました。

1. 毎月、父のお墓参りをして、両親に感謝する。
2. 毎日、ハガキを書いて、お会いした人、お世話になった人に感謝する。
3. 活力朝礼（職場の教養）を実践する。

1つめは、当時の自分は父のお墓参りに、盆と正月くらいしか行っていませんでした。ですから実家に帰る頻度もそれくらいでした。セミナー後は「月1回くらいはお墓参りに行かないと申し訳ない」と思うようになり、それからは毎月1回、車で2時間くらいかけて滋賀県から和歌山県までお墓参りに行っています。

2つめは、親や周りの人に対する「感謝が足りてない」と痛感して「せめて感謝のハガキくらいは書こう」と毎日ハガキを書く決意をしました。このハガキ書きについては後述しますが、挫折した時期もありました。

3つめは、「活力朝礼」というもので、「職場の教養」という冊子を読んで、その内容についてお互いの感想を発表するというものです。

「富士研」こそが、私の純粋倫理の実践、感謝の実践スタートとなる契機でした。

○チームびわ湖の発起人の一人、木谷昭郎さんとの出会い

私が平成18年に「滋賀県びわこ湖南倫理法人会」に入会したことで、師匠のお一人となる木谷昭郎さんとご縁をいただきました。

木谷さんとは、偶然にもご近所同士で町内のお祭りでもお会いして、親しくお話いただける間柄になりました。

私は木谷さんから改めて、「ハガキの効果」の素晴らしさを教えていただくことになります。今の時代DMは送られてきても、手書きのハガキが届くことは滅多にないので、感謝の手紙を送ることで、喜んで頂けますし、親近感も持っていただけます。

たとえば、ハガキを出してからアポイントの電話を入れると、かなりの確率で会ってい

ただけたりと、人間関係やビジネスを円滑にするのに、とても有効なツールなのです。

私もすぐに実践しました。しかし、毎日続けることはできませんでした。1年目は年間200枚が限界で、当時の私には1日1枚は達成できなかったのです。


また、木谷さんと出会ってから、毎月1回「本物に学ぶ」をコンセプトにセミナーを開催している「福ふくゼミナール」の副代表も務めさせていただき、「福ふくゼミナール」の運営を通じて毎月、素晴らしい講師とのご縁もいただけるようになりました。

掃除道の神様、「日本を美しくする会」の鍵山秀三郎相談役（イエローハット創業者）、「滋賀掃除に学ぶ会」代表の後藤敬一さん（滋賀ダイハツ販売（株）社長）とお知り合いになれたのも「福ふくゼミナール」あればこそです。

現在、「チームびわ湖」でお世話になっている辻中公さん（大和躾伝承学師）とのご縁もこのゼミナールでいただきました。木谷昭郎さんにはいくら感謝しても、したりない程にご縁を繋いでいただいているので、この場を借りてご紹介させて頂きました。

3年間の滋賀県倫理法人会「会長職」で学んだ「苦難は幸福の門」

私は、2015年9月~2017年8月まで、滋賀県倫理法人会の会長職をさせていただきました。

この3年間の会長職で、つくづく自分自身の未熟さを痛感しました。

会長職1年目。

私のような若輩が会長職をという思いから遠慮し過ぎて、自分の思いを伝えることも不十分でした。前会長を見習い毎日モーニングセミナーに参加して、一所懸命に動いているつもりでしたが、実はこれも空回り・・・。

ほとんど成果もなしに1年目を終えました。

会長職2年目。

1年目の失敗を反省して、良かれと自分の判断で行動しすぎた結果、役職者の皆さんとのコミュニケーション不足でまたもうまくいきません。

毎日のモーニングセミナーの場、倫理法人会のいろいろな機会、にも一所懸命に参加していましたが、身近な役職者、身近な社員、身近な家族の話を聴くことが不十分に。

動いているつもり、実践しているつもりの2年間の結果、倫理法人会、会社、家庭それぞれに苦難が訪れました。

倫理法人会も会社も家族も全て根っこはつながっていて同じ。どれ一つ欠けても成果は出ない・・・。そのことも痛感しました。

結局、2年目も目立った成果は出せずに終わりました。


会長職3年目。

全てに関してボロボロだった私ですので、普通ならとてもお引き受けできる状況ではありません。しかし以前、林輝一先生に「辛い時ほど「苦難は幸福の門」と苦しいほうの選択をしなさい」と教えをいただき、その言葉通り、私は大ピンチの中、会長職3年目を引き受ける決断をしたのです。


こうなると、なりふりかまっていられません。

お恥ずかしい話ですが、まずは会社、家庭での苦しい状況を役職者の方々に赤裸々にお話することからスタートしました。きっと笑われるだろうと覚悟していました。

すると、役職者の方々は、なんと励ましてくれ助けてくれたのです。本当に倫理法人会の仲間、倫友のありがたさ、あたたかさを実感しました。

次に社員や家族にも伝えました。するとやはりみんなサポートしてくれたり、アイデアをくれるのです。

私は、今まで苦しいこと、弱いところは見せないように取り繕って生きてきました。でもそれは間違いであり、思い上がりでした。自分の能力を過信し、出来ないことまで引き受けていたのです。

苦しいこと、弱いところをさらけ出した時、初めて人は人を認め、心が通じ合い、その人のために行動を起こしてくれたのです。

もちろん、本人の気持ちも軽くなり、行動もポジティブになります。

その結果、会長職3年目は、皆さんに助けていただいたおかげで目標も達成しました。

それも、滋賀県倫理法人会の7つの単会の目標を中間、年度末ともに達成という過去に例がないほどの成果に！　皆さんと喜びを分かち合うこともできて本当に嬉しかったです。

滋賀県倫理法人会の会長職3年は、一生の宝となる経験、思い出をいただきました。

まだまだ未熟な私に大役を任せていただいた皆さまに、あらためて感謝の想いです。

そして、この学びでいままでの勘違いの人生から解き放たれ、またひとつ成長できたことを嬉しく思っています。

私が本を書く!?　出版までの課題と私の大きな成長

先の会長職と並行して、実は私は初の著書の出版作業も行っていました。

学生の頃から本が大好きでなんとかなく、「いつか自分の本を出したい！」という夢を持っていました。

そして、いま実際に本をだしている自分がいてビックリ驚いています。

そのきっかけは、親しくさせていただいている、辻中公さんの著書を何冊も出されているる出版社、ごま書房新社の編集者さんを辻中さんよりご紹介いただいたのが全ての始まり

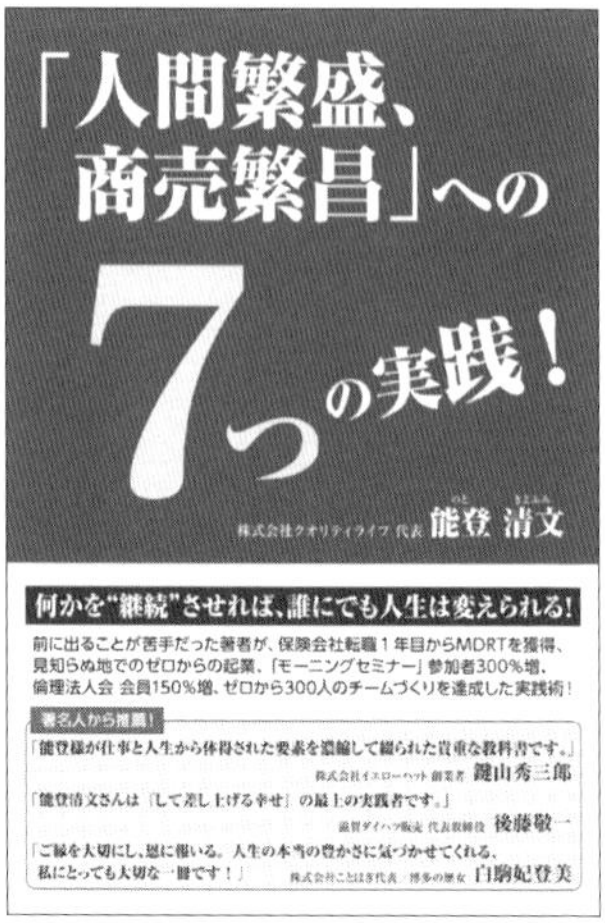

でした。

お会いした時、編集者さんに「私も本を出したいのです！」と伝えました。

すると、現在の出版業界の事情を教えていただきました。なんと、毎日200冊近く、年間7000冊も新しい本がでているそうで驚きました。

また、出版業界自体がネットに押され気味でだんだん厳しくなっていることも・・・。

「それでも出版にご興味があるのなら、まず小冊子を作って売ってみてください。それで本当にみんなが欲しがる内容ならきっと本にしても売れるでしょうね」

きっと冗談交じりだったと思います。

でも私はチャンスと思い、その場ですぐに「はい、わかりました！　すぐに小冊子を作って販売しますから待っていてください！」と答えました。

宣言したものの、小冊子など作ったこともなく、どのように作成するかもわかっていませんでした。

その時、経験のある辻中さんに相談すると、自身の小冊子の見本を見せてくださり、作り方を教えてくださいました。また、内容や書き方のアドバイスまで事細かにアドバイスいただきました。おかげで何とか拙い小冊子を作成することが出来ました。

次に冊数を考えました。印刷代はあまり変わらなかったので、「どうせならたくさん作ってしまおう」と思い、なんと2000冊も作ってしまいました（作って納品された後、その数を目の当たりにして少し後悔したのですが）。

早速、編集者さんに完成した小冊子を送りました。するとメールでお礼をいただきました。「本当に小冊子作られたのですね。しかも2000冊とはすごいですね！　送ってくださりありがとうございます。期待しています」

私も「はい、すぐに全部なくならせてみせます！」と返事しました。

しかし、今度は販売しなくてはなりません。

「素人が作った拙い内容の小冊子なんて、売れるのかなあ？　そもそもどうやって売れば良いのだろう？」

考えた結果、まずはメルマガやFacebookで小冊子発行の案内を送りました。

同時に知り合い、お世話になっている方々にも案内と見本の小冊子を送らせていただきました。


すると、驚いたことにどんどん小冊子の注文が入ってきたのです。

その数は1冊の方、5冊の方、100冊の方・・・本当に買っていただけたのです。

初版2千冊製作した小冊子、これで何年も持つだろうと思っていたのですが、2ヶ月経たないうちに完売。

さらに、注文が来たので1000冊増刷しました。その際にも少し追記したところページが増えました。数カ月すると、今度は増刷も完売し、また少し追記して3刷を印刷・・・これが1年ほど続きました。

気づくと5刷して、9千冊も発行することに！毎回追記して増やし言ったので、ページもかなり増えて、当初に比べ内容も充実していきました。

そのころにまた編集者さんにお会いする機会があり、今までの経緯を伝えたところ、「能登さん、良い原稿をお書きになりましたね」と言われました。

驚いて「ええ？　まだ原稿は書いていないのですが・・・」と私がいうと、編集者さんは「その小冊子が立派な原稿ですよ。しかも９０００人が認めた〝売れる内容〟の原稿です」と言われました。

その時気づきました。「ああ、これは本の執筆作業だったんだ！」と。

どうやら編集者さんに合格点をいただいたようで、その後はとんとん拍子で出版の話が進みました。

そして、編集者さんにお会いしてから、約2年後、『「人間繁盛、商売繁昌」への7つの実践！』がついに出版の運びとなりました。

著書の見本をいただいた時、実際に書店に並んでいるのを見た時はものすごく感動したのを、私は一生忘れないと思います。

実はこれも出版後に気づいたことですが、著書をつくる過程の小冊子を書いていた時に、新たに出会った多くの方々とのご縁もかけがえのない大切なものとなりました。

出版というものは、知らずのうちに自分の常識の枠を大きくし、今までよりさらに高みに上る絶好の修行の場ということを学びました。

出版後の目まぐるしい変化
～出版の世界の不思議～

念願の出版後、私の人生は大きく変わりました。

例えば、初めて名刺交換した時にも驚くことが増えました。

「能登さんですよね？　◯◯さんに紹介いただき、ご著書を読ませていただきました！」と言われることが何度もあります。また私なんかではまだまだ頭が上がらない先生や社長の講演を勉強のために聞きに行くと、「あ！君が能登さんか！、本おもしろかったよ！」などと声をかけられることもあります。

また、ある時は全くご縁のない県の方より、「本を拝読しました！　ぜひうちの会社でセミナー講師をしていただけませんか！」と講師依頼が来ることもあり、出版してから様々な県で拙いセミナーや講演をさせていただいております。

講演やセミナーの内容は、本のテーマの7つの実践レクチャー、ハガキの書き方、チーム作りなどの自己啓発から、本業の事業承継や資産防衛、前職の保険の営業マン向けまでかなり幅広くなっています。

いままでも、本業と倫理法人会の活動、チームびわ湖の活動、個人的な集い（一日一善ゴミ拾い会や最高の朝ごはん会）と手一杯だったところに、さらに講師の活動が入りバタバタな状況です。しかし、一人でも多くの方に「人間繁盛、商売繁昌」になっていただくために講師活動はこれからも精力的に取り組んでいきたいと思います。

著書の中で一番反響がある箇所も自分の予想外の箇所が多くこれも驚きです。

特に、自信をもって書いていた成功した話より"失敗した話"の方が共感してくださり、私を信用してくださるようです。

ありがたい著書の感想をいただくと、その多くがこの"失敗した話"へのコメントでした。

自分では、「失敗した話なんて、みんなききたがるのかなー」と思いつつ書いていました。しかし、多くの先輩著者さんに執筆途中で聞くと「絶対に書くべき！」「書かないと誰も読まないよ」と言われたので納得いかないまま書いていましたが、これも思い違いでした。

先の倫理法人会の会長職の際にも思い知らされましたが、自分をさらけ出すことが出来ない人間は誰にも信用されませんし、誰にも応援されません。私は本当に勘違いな男だったのです・・・。

そして著書の反応として一番驚くことは、顧客さんの反応でした。今までと同じことをお伝えしているのですが、本当に商談もスムーズに運びます。

あまりにとんとん拍子に進むので、「本当に即決で大丈夫ですか？」と心配して聞いてみたことがあります。

「はい、能登さんが嘘偽りのない人だってことは本で読ませてもらっています。だから信用していますよ！」

著書を出すことは素晴らしいことだと、一経営者として実感する瞬間でした。

しかし、一方では、「著書に恥じない行動をとる必要がある」と、責任のある立場になったことも同時に知り、身を引き締めさせられる思いでした。

このようなことが続くと、私の著書をご紹介いただいている方々、知り合いの方などに勧めていただいている方々、著者活動・講演活動を応援してくださる方々は、本当にありがたい存在なのだと気づかされます。

読者さんと同様に、みなさんには感謝の意を、行動で示していきたいと思います。みなさんこれからもどうぞよろしくお願いいたします。

最後に、簡単に言えることではありませんが、出版を志している方はあきらめないことが肝心です。そして、そのチャンスやサインは”ふい“にやってきます。その瞬間を逃さないことです。

最近知りましたが、私のように実は課題にされていて、それをクリアして出版した方はたくさんいます。これは、多くの出版社や出版業界の関係者さんではよくあるケースのようです。本に関する業種の方と出会ったときの会話はチャンスの素と思って頑張ってくださいね！

コラム①　家族から学んだ「人間繁盛」

○妻から教わったお互い様の心

私の妻は三重県伊賀市生まれ。祖父母と一緒に三世代同居で育ちました。お正月、お盆等、いろいろな機会に親戚やお世話になった人々をおもてなしする温かいご家庭で、親戚とのつながりも深く、慶弔も一緒に喜び、悲しみ、昔ながらの人づきあいを大切にしています。

結婚して約2年後、妻の祖母が亡くなりました。

妻はこの祖母が大好きで、とても尊敬していました。「80歳の祖母を京都の紅葉観光に連れていきたい」と言われて、一緒に紅葉を眺め、とても喜んでいただいたことは、今も素敵な思い出です。

お通夜の日は深夜まで、親戚の方々で祖母との思い出を語り、飲み明かしました。告別式の日もお昼、夜、そして深夜までお酒を飲みながら語り合います。さらに告別式翌日も片付けをした後、お昼、夜とお酒を飲みました。

当時、日本酒が苦手だった私も、妻の実家とのお付き合いのおかげで、ずいぶん飲めるようになりました（笑）。

お盆や、お正月もお寺に集まり、親戚、ご近所とのいろいろなお付き合い。核家族で育った私にとっては、このような家族の在り方は、最初は驚きでした。

しかし妻の実家のお付き合いに触れていく中で、いろいろなご縁、繋がりを大切にすること、助け合い、お互い様の生き方の重要性を実感してきました。毎年、いろいろな機会に定期的に集まることで、大切なことも語り継がれていくのだと感じました。

そのような家庭で育った妻は、友人や先生、先輩、後輩等とのご縁も大切にしていて、折に触れ手紙を書いたり、ハガキを書いたりしていました。

一方サラリーマン時代、超筆不精だった私は、自分の年賀状にさえ一言も添えない状態で、妻が見かねてメッセージを書いてくれていました。私の少ない友人とのお付き合いが続いてきたのも、妻がここまで目を配っていてくれたからです。

私がサラリーマンから保険代理店として独立した当初は、妻の両親、親戚や友人にいろいろと助けていただきました。会社設立当初から働いてくれたスタッフも、妻の紹介です。妻が築いてきた信用、信頼関係のおかげで、何の基盤もない会社にも関わらずお勤めいただき、妻が病気で入院したときは、子どもの学校の送り迎えまで助けてもらいました。

人間貧乏だった私が、苦しい時期を乗り越えることができたのは、妻がご縁を大切する生き方をしていたからです。

振り返ると、妻の人間繁盛を実践する生き方が、商売繁昌につながり、今があるのです。

あらためて、妻と妻の両親、祖父母、親戚、友人に感謝いたします。

○子どもたちから教わったあきらめない心

私はありがたいことに長女、長男、次女の3人の子どもに恵まれています。

小さいと思っていた子どもたちも日々成長していきます。その中で、親もハッと気付かされるような成長を見せてくれることがあります。

ここで、我が家の3人の子どもの、ささやかなエピソードをご紹介します。

次女は、長女と8歳、長男と5歳と、少し年が離れていますので、家の中の人気者です。

数年前のお正月に大雪が降りました。ちょうど和歌山から三重に向かう道中が大雪で、奈良県に入って、名阪国道も通行止めになり迂回して走っていました。

すると、坂道で数台前の車が雪でスリップし、進まなくなってしまいました。前のトラックの運転手はすぐに車から降りて、スリップしている車を後ろから押しに行かれました。

そのときです。当時、幼稚園児だった次女がこう言いました。

「お父さん！　いつも人の役に立つことをしなさいと言っているのに助けに行かないの？」

ハッとした瞬間でした。

「そうだね。行ってくるね。」

目の前に困っている人がいるのに、傍観者になっていた。そんな私に刺さった、娘の鋭い一言でした。

トラックの運転手さんと一緒に車を押して走り出したのを確認し、車に戻ると、笑顔で嬉しそうな娘がいました。

その後も何度もスリップしては停まる車を、トラックの運転手さんと一緒に押しに行きました。ようやく峠を越えて、トラックの運転手さんと別れるときには、子どもたちも笑顔で手を振って「バイバイ！　ありがとうございます！」と別れました。

服や靴はドロドロに汚れましたが、とても爽やかでした。

子どもは、親の言っていること、行動を鋭く見ています。日々、いつもどんなときにも言っていることを行動、継続することの大切さを痛感した瞬間でした。

次に、長男が小学6年の中学受験の日の話です。

朝からいつも以上に念入りにトイレ掃除をしていました。

それまで、毎日継続していたトイレ掃除も500日以上になっていました。息子なりに、トイレ掃除を一所懸命にすることで、受験に合格できると願掛けした様子でした。

もちろん500日の中には、サッと掃除をするだけの日も多々ありましたが、継続することで、息子なりに気づきがあったのでしょう。トイレ掃除をすることで、爽やかな顔になり、集中力もみなぎっていました。

黙々と真剣にトイレ掃除をしている息子を見て、「こいつはもしかしたら、合格できるかも」と思いました。

結果、難しいといわれていた第一志望の中学校に合格できたのです！

何事も決めたことをひたすらにやってみる、そして継続することが大切だと、子どもに教えられました。

最後に長女が高校生になってアルバイトをして、初めてのアルバイト料をいただいたときの話です。

「お母さんがエプロン欲しいと前から言っていたから」と、妻にエプロンをプレゼントしてくれました。

妻は翌朝、とても嬉しそうな笑顔でプレゼントのエプロンをしていました。

実は、お恥ずかしいのですが、私は妻がエプロンを欲しいことさえ知らなかったのですが、娘は、妻の欲しいものを認識してくれていたのです。

子どもたちには、小さいときから「人の役に立つこと」「人に喜んでいただけること」をすることが大切だと伝えてきました。

長女は、イザというとき、とても頼りになる存在です。

毎日、家のお手伝いをしてくれることはなかったのですが、妻が病気のときや外出のときは、いつもより早起きして料理や家事をしてくれました。

また、いつも誕生日や記念日等にプレゼントをしてくれています。

「人の役に立つ」「人に喜んでいただく」ことの意識は、いつも継続して持ってくれているのだと嬉しく思います。

第2章

「出会い」と「チャレンジ」が人を成長させる

【不可能と思えることへのチャレンジが人を成長させる】

人はえてして、「現状維持」であることに安心感を抱くものです。確かに今まで通りのやり方を踏襲していけば、大きな間違いもなく、安寧でいられるかもしれません。

しかし、皆さんご存知の「ゆでガエル」の例えのように、ぬるま湯につかっているつもりが、気付かない内に状況が代わり、気がついたときには手遅れになるかもしれません。

自分を絶えず成長させていくには、常に新しい「出会い」を求め、今まで体験したことがない事への「チャレンジ」が必要です。そして、出会った人やその体験から愚直に学ぶことこそが成長への近道だと、私は人生を通して感じています。

本章では、この「出会い」「チャレンジ」をご紹介していきます。

あなたもぜひ、「現状維持」から一歩を踏み出して新しい人生の扉を開けてください。

その1　「出会い」が人の器を大きくする

半生を振り返ってつくづく感じるのは「出会い」は人生の中の最大の宝物だということです。私も多くの尊敬すべき方々との出会いによって、様々な事を学ばせて頂きました。

ここから、まずは、私の人生を変えた出会いと学びについて、感謝をこめてご紹介させていただきます。

◆井本全海氏からの「人間繁盛」の学び

平成21年6月、倫理法人会のナイトセミナーとモーニングセミナーで、井本全海氏（株式会社丸善 代表、勝光寺住職）から人との繋がりを大切にする「人間繁盛」という考え方の大切さ、「商売繁昌のためには、まず人間繁盛から」という教えを学び、目からうろこが落ちる思いでした。

井本氏は、著書『人間繁盛の法則』（致知出版社）にも書かれている通り、商売の現場と

母堂が立ち上げられたお寺の手伝い同時進行で約半世紀、その中で掴みとられた独特な人間観で、「人間繁盛」とは「生き生きわくわく輝いている魅力的な人のこと」を指す、勝光寺住職である井本氏の造語になります。

私は自分の今までの行いを反省すると共に「これからは人間繁盛を目指していこう」と決意しました。

この出会いから私の行動の原動力、「人間繁盛、商売繁昌」の教え、「全ての行動指針は人に喜んでいただく、お役に立つために！」がスタートしました。

これを意識すると私の考え方、行動、習慣、ひいては人生までが変わっていきました。

❖ バリ島の「大富豪　兄貴」（丸尾孝俊氏）「人の器」の学び

影響を受けた人物といえば、平成23年にバリ島でお会いした、「大富豪の兄貴」として知られる日本人大富豪、丸尾孝俊さんでした。

著者・能登清文の活動紹介

本書をお読みいただき誠にありがとうございます。
私は、100年企業クリエーター、事業承継コンサルタントとして日々お客様のご相談に応じています。
もし本書をお読みなり、みなさんの会社でも本書の内容のどれか一つでも取り組みたいと思われましたら、お気軽にお問い合わせください。　能登清文

◇100年企業づくり
　個別相談会
◇事業承継サポート
◇資産防衛サポート
◇相続サポート
◇業績売上UPサポート
◇資産運用
　ライフプランニング
◇保険診断
　リスクマネジメント
　ほかトータルサポートもおこなっています。

クオリティライフホームページ

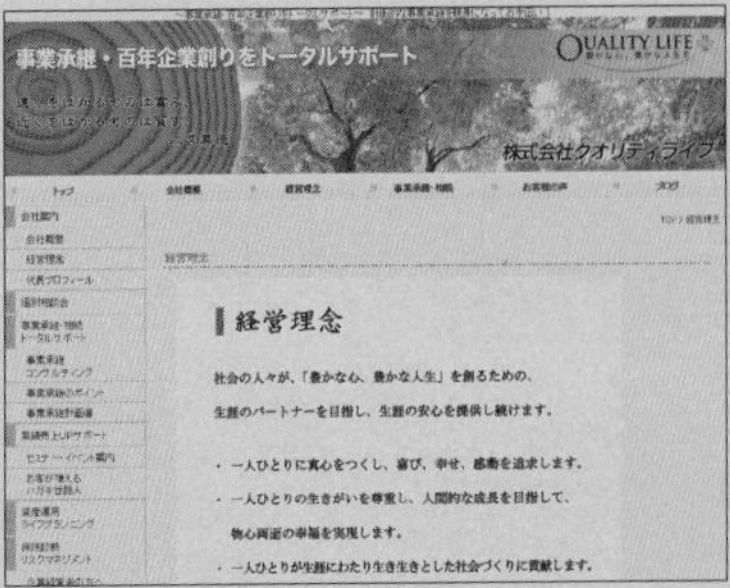

株式会社クオリティライフ
〒525-0001　滋賀県草津市下物町64-13-2F
<お問い合わせ>
※書籍を読んだとお伝えいただけると嬉しいです。
FAX：077-568-8011（TEL：077-568-8000）
E-Mail：info@q-life.co.jp
ホームページ：http://www.q-life.co.jp/

以前、知人に勧められ、著書『大富豪アニキの教え』（ダイヤモンド社）を読ませていただき、その生き様に衝撃を覚えました。

私は、なんとしてもお会いしたいと思い立ち、実際に兄貴の住むバリ島まで訪問しました。

バリ島へ行き、うまく兄貴にお会いでき感激していると、落ち着く暇もないほど、次から次へ世界中から兄貴に会いたいと人が訪ねてきます。その様子は、まさに人間繁盛そのものです。

この兄貴の人間繁盛の凄さには、ただただ驚きました。人間力の大きさ、明朗さには感動を覚えるほどでした。また、バリ島の自然と一体となったライフスタイルに私は大きく惹かれました。実は、これがいま私が滋賀県の草津で会社を構えている理由の一つです。

こう言っては何ですが、兄貴の外見は強面風でお会いするまでは正直少し緊張していましたが、実際にお会いするととても気さくな方で、ますますファンになりました。

またいつの日か、兄貴に少し成長した自分の姿を見てもらうために、バリ島へ訪れようと思っています。

私は人間繁盛を実現すべく、まずはできる限り多くの方に会うことを実践しました。そこにはたくさんの学びと気づきが待っていました。

❖株式会社カントリー自動車　河村益孝会長「コツコツ日々継続」からの学び

私が滋賀県倫理法人会に入会した当時、当会の5代目会長を務めていたのが河村会長です。河村会長は、滋賀県倫理法人会の設立当初からの会員であり功労者であり実践者でありました。

毎日、「複写ハガキ」を4枚書き続けていることを私に教えてくれました。複写ハガキとは文字通り、カーボンを使って書いた内容を複写出来るハガキのことで、手紙に書いた内容を手元に残しておけるのです。

河村会長は私に「能登くん！　ハガキを毎日書き続けていると人生が変わるよ！」と、ハガキを書き続けることの大切さを説いて頂きました。

当時の私は、ハガキを書き始めていたものの、毎日継続するまでには至っていない状況で、そんな私に実践の見本を示してくださったのが河村会長だったのです。河村会長が実践していたハガキを書き続ける効果は絶大でして、たとえば私が他府県の倫理法人会の講話に伺うと、必ずというほど河村会長の話題が出てきます。

「滋賀県には河村さんがおられますよね？　毎年ハガキをいただきます」

「河村会長はお元気ですか？　以前に来ていただきお世話になりました」

先日、河村会長の「複写ハガキ2万枚達成」のお祝い懇親会に出席しました。10年以上、コツコツ心をこめて丁寧にハガキを書き続けておられます。1枚のハガキにより喜ばれた物語をいくつも拝聴できて、ハガキの素晴らしさをあらためて実感できました。

今年75歳になられる河村会長は、今でも経営者モーニングセミナーに毎週必ず出席されています。いつもお元気に最前列に座り、学び続けられる姿勢は我々へ実践、継続の大切さを示してくれています。

以前、河村さんに関するこんな話を伺いました。

「河村さんが彦根市倫理法人会を立ち上げたとき、片道1時間の道のりにもかかわらず、毎週欠かさず彦根市モーニングセミナーに2年間以上通い続けられた」

「継続」することの大切さをあらためて噛み締め、尊敬する河村会長の背中を拝見しながら、生涯実践に努めてまいります。

✡ 木谷昭郎さん「入院時の人徳」からの学び

滋賀県草津市在住の木谷さんは、経営者の勉強の場「福ふくゼミナール」の代表で、「ハガキ道」の達人でもあります。その風貌は「定年を迎えた人のいいおじさん」といった感じでとても柔和な感じです。

そんな木谷さんに感動させられたことが私は何度もあります。

元旦の早朝6時過ぎ、自宅の前の溝の中に入って掃除をされている木谷さんにお会いしました。木谷さんは、約20年前から「滋賀掃除に学ぶ会」の副代表世話人として、代表世話人の後藤敬一さんと共に清掃の大切さを広めてこられた方です。

元旦の早朝からご自宅前の溝掃除をされる木谷さんに日常の実践、誰も見ていない陰の実践力の凄さ、本物の輝きを拝見した次第です。

木谷さんのご自宅は滋賀県草津駅から50メートル位の場所にあります。駅前で人通りの多い場所にもかかわらず、いつもきれいでゴミが落ちていないのは、木谷さんの常日頃の掃除のおかげだったと気づき、日常の実践を継続する大切さを元旦から実感できました。

そんな木谷さんが数年前、年末に消防の夜回りをされていたとき、夜道で転倒され骨折してしまい、入院されることになりました。私がお見舞に伺うと木谷さんの病室前には、正月早々にもかかわらずお見舞いに訪れた人が列をなして並んでいる状況でした。

私が待っている間にもさらに別の方がお見舞いにみえられました。後日、私の妻や、当社スタッフがお見舞いに行ったときも、やはり他の方がお見舞い来られていて病室の外でしばらく待つ必要があったといいます。

なぜ、木谷さんの病室にこれほど多くの人がお見舞いに訪れるのでしょうか。

それは、木谷さんが「掃除道」と共に「ハガキ道」の実践者であり、滋賀県の多くの人に「ハガキ道」の素晴らしさを伝えているからです。木谷さんは私の妻や子どもにもハガキをくださります。妻や子どもには、ＤＭ以外の普通のハガキはほとんど届かないので、木谷さんの印象がより深く残ります。

また、当社にもスタッフの顔を見にわざわざ寄ってくれます。木谷さんは、ご縁のあった人にハガキを送られ、会いに行かれ、とてもご縁を大切に生きられています。

これが人間繁盛につながる秘訣なのだと実感します。

❖滋賀ダイハツ販売株式会社　後藤敬一社長
「三度目のチャレンジで受賞」からの学び

滋賀ダイハツ販売様は、創業60周年をむかえる平成26年に『日本経営品質賞』を受賞されました。

『日本経営品質賞』とは、世界80以上の国や地域で展開されている経営品質向上プログラムで、わが国企業が国際的に競争力のある経営構造へ質的転換をはかるため、顧客視点から経営全体を運営し、自己革新を通じて新しい価値を創出し続けることのできる〝卓越した経営の仕組み〟を有する企業の表彰を目的とする制度です。

著書の『三代目社長の挑戦「してさしあげる幸せ」の実践』（高木書房）にも書かれていますが、実は、滋賀ダイハツ販売様は、前年、前々年と2年連続、日本経営品質賞にチャレンジされましたが、受賞に至りませんでした。

そのとき、後藤社長のもとには役員や社員から「社長、来年のチャレンジは見送って、もう一度準備してから再チャレンジされてはいかがでしょうか」との提案があったといいます。

しかし、後藤社長は、「いや、来年もチャレンジします。必ず日本経営品質賞を受賞します」と宣言され、役員、社員全員に「必ず受賞する」と絶対にあきらめない熱意、決意を示されました。

後藤社長の熱意、決意に鼓舞された役員、社員全員が一丸となって再度、綿密に準備にあたり、そして見事に翌年の『日本経営品質賞』の受賞につながったのです。

外出中に受賞の報せを受けた後藤社長は、すぐに本社へ電話して「社員の皆さんのおかげで日本経営品質賞を受賞できました！」と喜びを伝えました。

それを聞いた本社部門では、皆さん大喜びされたと言います。

電話連絡して約1時間後、後藤社長が本社に戻ると、何と！　社員が花束と「日本経営品質賞おめでとうございます」の垂幕で大歓迎してくれたそうです。

「自主的に社長の私を喜ばしてくれる社員の皆さん、彼らの存在が本当にありがたく私は幸せです。社員たちが私の自慢です」

この話を聞いて、私は後藤社長のリーダーとして絶対にあきらめずに続ける、受賞するという目標達成の決意の凄さに感動しました。

日本経営品質賞を必ず受賞するという熱意、決意、あきらめずに継続することの大切さ、トップが熱い意志表示をすることで、その情熱は野火のように拡がって社員に共有されるのです。後藤社長が作り上げた素晴らしい組織、会社に、ただただ感心、感動です。

✡ 株式会社タオ　井内良三社長「商品へのこだわり」からの学び

井内良三さんが代表を務める、株式会社タオ様は平成25年に自社開発の「天神」学習システムで「日本e-Learning大賞」を受賞されたまさに日本一の企業です。

この「日本e-Learning大賞」とは、日本の成長分野の一つとしてe-Learningを推進しようと考えている経済産業省、文部科学省、総務省、厚生労働省が後援する日本で一番権威のあるe-Learningのコンテストになります。

コンテストの対象は大企業、自治体、大学も含みますので、いってみれば「e-Learningの無差別級日本一決定戦」のような大会です。

そんななかで、タオ様は名だたる大企業や大学を押しのけ、めでたくe-Learning日本一になられたわけです。しかし、その前年は予選通過すらできなかったといいます。

「天神」学習システムの内容はそれほど変わっていないのに、何故日本一になれたのでしょうか？

これは著書『日本一の学習プログラム『天神』式家庭教育メソッド』（ごま書房新社）でも述べられていますが、「前年は超有名な大企業や大学の名前に負け、戦う前からビビッていた」と井内社長は振り返ります。「うちが日本一なんて、おこがましいのでは思いつつ出場してみた結果、書類選考の段階で落ちました」

井内社長のこの結果にどうしても納得できない人物がひとりいました。タオ様で営業を統括している岡部専務です。「うちの「天神」学習システムが、他の教材に負けるのは絶対におかしい！」

そして、岡部専務の思いに呼応するかのように、紙がインクを吸い上げるかのように社内は一色になりました。

「自分で自分に枠をつくるのはやめよう。我が社の『天神』をきちんとご評価いただこう！」と。

そして諦めずに再度挑戦した結果、翌年「天神」がめでたく日本一となられました。

審査員15名が全員一致で大賞を決定されたのは、

日本e-Learning大賞史上初めての快挙です。私はタオ様の受賞エピソードから、本来の力を出すことの難しさと、枠を打ち破ることの素晴らしさを学びました。

❖滋賀建機株式会社　蔭山孝夫会長「継続力の凄さ」からの学び

蔭山会長の継続の凄さは驚愕に値します。

それをわかりやすく示す蔭山会長のお言葉を抜粋します（毎朝16年継続中「おはようメール（平成27年2月19日）」より）

「私は何でも思いついたら即実行を試みます。この習慣は17年前の平成9年4月の下旬から始まったようにも思います。それはゴルフボールの朝の球拾いと、会社にパソコンを導入しワープロを打ち始めた頃と思われます。まず実行し継続する。さらにそれを習慣とすることです。まず1つのことが継続できれば後1つ2つも同じです。しかし一般には簡単なことが継続できない人が殆どです。所謂三日坊主です。

ではどうすればよいのでしょうか。それは自分に打ち勝つ意思です。それは人から教わることは出来ません。仕事や家庭のことなどあらゆる分野で実行と継続が大事です。継続すれば何かが得られます。平凡なことでも継続すれば非凡となるとも言います。私はおはようメールを16年間継続と朝の散歩、風呂と冷水かぶり、46年間の日記など継続中です。会社の早朝研修も165回目となり12年半継続しております。ぜひ皆さん簡単にできる事から始めてみては如何ですか。」


この継続力の凄さには驚きを超え、いつも感動、尊敬しています。

また、蔭山会長は、社員さんの誕生月に奥様手作りのバースデーケーキを滋賀県の各営業所へ手渡しで届けに行っておられます。毎月10人〜20人の社員さんに15年以上、感謝の気持ちを届けており、常人では出来ることではありません。

蔭山会長の思いやる心の継続力に感動です。

株式会社ジェイジェイエフ 志村保秀社長「クリスマスイブのサービス精神」に学び！

滋賀県のリフォーム会社「ジェイジェイエフ」様は、契約の90％がリピートと紹介で成り立っており、口コミで毎年お客様が増え続けている元気な企業です。急成長の様子はテレビ番組や、志村社長を紹介した、中島巧次氏の著書『ベイスターズファンの経営者が実践する任せる経営』（ザメディアジョン）などメディアで話題となりました。

そんなジェイジェイエフの志村社長は、「けっして順風満帆ではなかった」と過去を振り返ります。

志村社長が40歳の頃、20人いる社員のうち16人が一斉に退職するピンチがあったそうです。「あの頃は、超ワンマンの経営だった。会社を良くしようと経営者の勉強会で学んだことをいろいろと取り入れ、思い通りにならないと大声を出すこともあった」そうです。

その結果、社長のもとに残ったのは若手社員4人だけでした。ここで志村社長は「この残ってくれた4人の社員を必ず幸せにする」と決意したそうです。

それからは経営をさらに真剣に考え、常に社員のやる気を考え、社員が喜び、お客様に喜ばれる仕事を考えていかれるようになったのです。

ジェイジェイエフさんでは、お客様に喜んでいただくために10年以上前からクリスマスイブにサンタクロースの恰好をした社員が、お子さんのいるお客様宅を訪問してプレゼントを渡しています。突然のサンタクロースの訪問に子どもは大喜び。私の自宅にも来てくれたのですが、やっぱり子どもたちは大興奮でした。

こうして社員がクリスマスイブにお客様を訪問している間、志村社長も自らがサンタクロースの恰好に扮して、社員の自宅をまわられています。お客様だけでなく社員の子どもさんにも喜んでいただく、素敵な社長です。日頃社員から「ＢＯＳＳ」と呼ばれ慕われる社長の人柄がよくわかるエピソードです。

また、志村社長は社員ひとりひとりの話を聴かれることを大切にされていて、毎朝、順番で社員さんひとりと約30分間のウォーキングをしています。ウォーキングのなかで「彼女はできたか？」「嫁さんと子どもさんは元気か？」と仕事以外の話題をよくしているそうです。冬は寒いからとウォーキングの代わりに喫茶店で話されるのが、志村社長の面白いところです。

あのときのピンチから10年後、志村社長50歳のときに、当時残ってくれた若手社員４人に会社を暖簾分けして、４人が同時に社長に就任することになりました。

志村社長の「社員を幸せにする」という熱く沸き立つ本気の思い、実践力、一人ひとりを大切にされる優しさ、あたたかさがしみじみと伝わるエピソードです。

✡ 辻中公さん（やまとしぐさ伝承学 師範）「誇りを持つ」精神からの学び

『清らかに輝くための〝やまとしぐさ〟31日のレッスン帖』（ごま書房新社）等、何冊も著書を出されている辻中公さん。

その中の一冊、『やまとしぐさ日めくりメッセージ』（ごま書房新社）に『誇り（埃）の持てる自分になれます』というページがあります。これは単純にいうと「落ちているゴミを拾いましょう」ということですが、実はその言葉には深い意味があります。

平成27年、新年の倫理経営の早朝勉強会後、駐車場を3人で歩いていたときのことです。私は道に落ちているゴミに気づきました。20センチ以上もある大きな汚いゴミです。

私は、一瞬「拾おうかな？」と迷いながらも、躊躇して通り過ぎてしまいました。

その直後に歩いてこられた辻中公さんは、サッとそのゴミを手にとり、自分の車の中に持って入られて、車の中のビニール袋にゴミを入れて、持ち帰られました。

綺麗な服装でお洒落な辻中公さんの自然なゴミ拾いの光景に感動したのと同時に、その

17日目
やまとしぐさ
「ゴミを拾う」
気づいたらサッと拾う！目の前のゴミ、心のゴミ（プライド）をいつでもすぐに消す型（しぐさ）は、誇り（埃）の持てる自分になれます
やまとしぐさ
日めくりメッセージ

ゴミをとっさに拾えなかった自分をとても恥ずかしく思いました。いつも子供たちに「落ちているゴミは拾うんだよ」と教えている自分だというのに・・・。

これが冒頭の『誇り（埃）の持てる自分になれます』ということだと気づかされました。

その日以来、どんなに忙しくてもゴミを見たら拾ったり、拾えないものも対処するように心がけています。

実践を伴う思想、教えでないと説得力がありません。そしてそれを「誇り」をもっておこなう自分には自然と自信がわいてくるのです。

❖白駒妃登美さん（博多の歴女）「受けて立つ」気概からの学び

博多の歴女として全国で講演されてご活躍の白駒妃登美さん。

岐阜県倫理法人会の倫友に「『人生に悩んだら「日本史」に聞こう』（祥伝社）を読んで号泣してしまった。是非、読んでみてください。」と白駒妃登美さんの著書を紹介いただきました。

早速読ませていただいたところ、歴史上の日本人20人が「もうダメだ」というピンチをのりこえてきたお話に涙ぐんでしまいました。

どんな状況になっても、あきらめなければ出来ないことはない！　と勇気もいただき、日本人の美しい生き方に誇りを感じ、「ああ、日本人に生まれて良かったな！」と改めて嬉しくなりました。

また、美しいお姿の写真からは想像できませんが、白駒さんは大きな病に侵された時期があったそうです。その闘病中に、「どうせなら、日本人らしく生きよう！」と病気を受け入れて、感謝して、今できることを一所懸命に生きようと決心されました。

すると不思議なことにどんどん病状が回復し、最後には病気を治されたそうです。

このお話にも感動した私は、是非、ご本人からお話を聴きたい、主催する講演会でみんなの前で話してほしいと思いました。

そこで、すぐに友人を通じて、白駒さんの連絡先を教えていただき電話しました。

「ちょうど名古屋に行きますので、是非お会いしましょう」

突然の連絡にもかかわらず開口一番がこの言葉です。電話越しでもわかる明るい声と気品溢れるイメージでした。その後、すぐに名古屋に訪れお会いさせていただきました。お会いするとまさにイメージ通りの方で、そのオーラに恐縮したのを覚えています。

そして、無理なお願いだった講演のご依頼も快くお引き受けいただき、講演当日に向け気合いが入りました。

その後、滋賀県倫理法人会と福ふくゼミナール共催の講演会を開催したところ、300人以上の超満員の参加者で溢れました。参加者も感動、感激の時間を共有いただけたかと思います。

白駒さんを通じて、どんな状況でも、いま自分に与えられた環境やご縁を常に感謝して受け入れること、そこで出来ることを精一杯して生きること、つまり、「受けて立つ」日本人の底力に気づかされました。

その2 「チャレンジ」が人の成長を加速させる

ここからは私のチャレンジのうち、成果がわかりやすい事例をご紹介します。

・セミナー参加者300%増。
・会員150%増。
・たった一人から300人のチームづくり

よく数字だけお見せすると「驚くべき成果」と言われますが、実はこれは誰にでもできることです。なぜなら、人前に出ることが苦手だった私が実際におこなってきたことですから。

そのきっかけも実は「出会い」と「継続」から全ては始まりました。

チャレンジ1 「モーニングセミナー」参加者300％増への挑戦！

私は、「滋賀県びわこ湖南倫理法人会」を会長と共に運営していく「専任幹事」の任を平成20年9月から拝命しました。

私が専任幹事のお役をいただいたとき、倫理法人会で毎週おこなっていた「モーニングセミナー」の参加人数は10～15人程度でした。募集も何かでお会いした方に声をかける程度だったのでなかなか集まりません。これでは少し寂しいので、会長と共に「参加者を今の倍の30人に増やす」ことを目標とした増員活動をスタートさせました。

まず、「月に1回だけでも参加者が30人になるように」と、毎月1回「50人モーニングセミナー」という企画をはじめました。チラシをつくって会員に電話やＦＡＸでお声がけし、訪問した際にご案内もしました。

じつに地道な活動でしたが、着実に参加者は増えていき、月に1回は30人～40人の参加者が見込めるまでになりました。毎月1回のお声がけを継続していると、普段開催している「モーニングセミナー」の参加者も増えていくという相乗効果もありました。

当初平均　11人　↓　1年後　22人　↓　2年後　30人（目標達成！）

モーニングセミナー参加者が10人から20人、そして30人と増える過程で、ご縁もいろいろと繋がり、モーニングセミナーの機会がますます楽しくなりました。

「楽しいところには人が集まる」

単純なことですがモーニングセミナーの運営を通して腹の底から実感しました。ご案内、お声がけの大切さ、そして毎月コツコツと月1回でも「継続」することで、状況は好転し良い結果へと繋がるのです。

今思えば、ここで実感した「継続」の大切さが、私がその後の設立する「チームびわ湖」運営に大きく影響していきます。

❖ チャレンジ2　「倫理法人会会員」150％増への挑戦！

平成23年1月、「滋賀県びわこ湖南倫理法人会」前会長の体調不良から、突然、専任幹事の私が会長を拝命することになりました。

会長に着任したときの会員数は99社で、実は前会長が半年後（平成23年6月）までに「会員数を150社に増やそう」と目標を立てた折の交代でした。

会長を拝命したとき、私は「前会長の目標をなんとか達成したい！」と役員の皆様にもお伝えしました。毎週いろいろな会社に訪問し、倫理法人会の「モーニングセミナー」や、「活力朝礼」のご案内活動を開始しました。

最初は、私を倫理法人会に導いていただいた恩人である新庄昇社長と私の2人だけでの活動でした。しばらくすると、専任幹事の中野光一さんも活動にご一緒してくださるようになり大変助かりました。同時に中野さんの想いに感激いたしました。

しかし、取り組み開始から2ヵ月経過しても会員数は1社増の100社にとどまっていました。宣言したからには中途半端なことはできません。私たちは、あきらめずに活動を「継続」しました。すると努力は着実に成果へつながり、5月に入ると徐々に入会が増えてきました。さらに6月になると毎週、次から次へと参加のご連絡をいただけるまでになりました。「誰もが無理と思った会員150社を、達成できるかもしれない」私は奇跡の兆候を感じずにはいられませんでした。

そんなある日、私の本業である保険代理店業務で一番契約の大きいお客様より1本の電話がかかってきました。

「能登さん、業績が急激に悪化したので申し訳ないが、弊社の保険契約は全て解約したい。」

「は、はい！　わかりました・・・。」

解約による売上ダウンは必至だ。倫理法人会の活動をしている場合じゃないのでは・・・倫理法人会の活動よりもまずは自分の事業の立て直しが先では・・・。

内心いろいろ悩み、さまざまな思いや葛藤がありましたが、〝苦難は幸福の門〟苦しい道を選択するから道は開かれるのだと信じて活動を「継続」することを決断しました。

「目標達成に向けてみんなが盛り上がっているときに、会長である私が活動をストップするわけにはいかない。動けるうちは余力がある証拠だ。お客様にも倫理法人会にも両方全力で取り組んでみよう！」と気持ちを新たにしました。

強い想いで続けていくと、想いは伝播するもので、意外なところからも活動に協力いただける人が増えました。なかにはわずか10日間で8社も新会員を増やしてくれた女性もいました。

こうして6月以降は、毎週のモーニングセミナーが開かれるたびに新会員の入会がありました。セミナー参加者も40人、50人と増えて毎週大盛況です。その結果、期限から4ヵ月ほど過ぎたものの、平成23年10月に、ついに目標の150社を達成できたのです。

役員の皆さんと力を結集して目標達成できた喜びを分かちあえる瞬間は、〝最幸〟でした。同じ想いを持つ人たちの力が結集すれば、何倍ものパワーとなりミラクルが起こせることを体験させていただきました。そして、途中に苦しいこと、辛いことがあっても継続し続けることで、結果につながることも実感しました。このチャレンジは私の今後の活動に大きく影響する成功体験となりました。

チャレンジ3　たった一人から「100人のチームづくり」への挑戦！

こうして多くの方との出会いに恵まれ、学びを継続した私は、今後は「人間繁盛、商売繁昌」の考え方を滋賀県を中心に全国各地の子どもから50歳まで幅広い方に広めていきたいと思っています。

「人間繁盛、商売繁昌」の実践者として、保育園、幼稚園のお子様、今後の社会、日本、世界の未来を担う方々、これから家庭を持つ方、子供を持つ方、ご年配の方、あらゆる方から長い人生に関わるどんな問題でも、〝能登さんならなんとかしてくれるだろう！〟と頼られる存在を目指したい！　と本気で思っています。

この「人間繁盛、商売繁昌」を広める活動は、私が発足した、滋賀県の象徴であるびわ湖の名を拝借した、「チームびわ湖」において、2015年5月より行っています。

「チームびわ湖」の設立の理由は単純で、ただ自分の経験を活かし一人でも多くの方に、「人間繁盛、商売繁昌」になっていただきたいという想いからです。

私と思いを共にする仲間を集い、集まってくれた仲間たちと幸せになれたとき、私はようやく自分の人生に誇りを持てるようになれると考えたからです。

この「チームびわ湖」には、2018年4月末現在で、約300人の仲間が参加してくれています。わずか1年半でこれだけ多くの方々から賛同頂け、本当に驚いています。実は当初は100人が最終目標（3年くらいかけて）でした。

皆さんのおかげで、いま「チームびわ湖」はまさしく人間繁盛で活気にあふれています。

この「チームびわ湖」の活動内容は様々ありますが、主に以下の3つのイベントを定期的に行っています。
・「一日一善ゴミ拾い」※毎月1回10名程度、第31回まで開催。

・「最高の朝ごはん会」※2ヵ月に1回10名程度、第9回まで開催。
・「人間繁盛、商売繁昌！　講演会」講師：能登清文とスペシャルゲスト
※半年に1回、50～100名、第4回まで開催。

他にも、「活力朝礼」「チームびわ湖遠征、全国の講演、セミナーを聞きに行く会」「最高の忘年会」「最高の新年会」などもおこなってきました。
それでは、前述の「チームびわ湖」の主要な3つのイベントについてご紹介していきます。

・「一日一善ゴミ拾い」
多忙な毎日を過ごす方が多い現代社会。なかなか人のために何かをする機会はないかと思います。そこで、誰もが参加できる出勤前の朝の時間を使って、環境保全のためにゴミ拾いを行うことを考えつきました。ゴミ拾いに使う時間は15分程度なので、これなら無理なく続けられます。

この「一日一善ゴミ拾い」滋賀県外からの参加も増えて、地元でゴミ拾い活動を広めてくれる方も増えてきました。朝早い時間から短時間のイベントであるにも関わらず、参加者の述べ人数は250名を超えております。

・「最高の朝ごはん会」

多くの方々との出会いと共に、本書の内容を実際に学ぶ会になります。

具体的には、「繁盛ハガキ書き」「感謝ハガキ書き」を中心に、「活力朝礼」「ゴミ拾い」などを実践してもらい、「人の応援」「ご縁作り」「家族への感謝」などの極意を学んでもらいます。

こちらも、人間の脳が一番活性化する朝（午前中）に行っていて、「びわ湖湖畔の最高の環境で気持ちを高め、さらにおいしい朝ごはんで健康になろう！」というコンセプトで始めました。じつは不健康、不摂生だった自分の生活を省みて、自分がやりたかったことをイベントにしたのがはじまりです（笑）。

個人的な動機からスタートさせた会でしたが、ありがたいことに私の著書を多くの方々にお読みいただいたおかげで、「最高の朝ごはん会」は回を重ねるごとに参加希望者がどんどん増えました。

こちらの述べ参加人数は110人を超えました。

・「人間繁盛、商売繁昌！　講演会」

半年に一度くらいの開催で、講師にスペシャルゲストをお招きしておこなう講演会です。もちろん、主宰である私と「チームびわ湖」のメンバーも講師としてお話させていただきます。

また、講演会後は、様々な業界の方が集まる場として交流会（懇親会）をおこなわせていただいており大変盛況となっております。

毎回チームびわ湖のメンバーをはじめ、一般の方、滋賀県外の方も多数参加してくれる、まさにチームびわ湖最大のイベントとなっております。

こちらは第4回まで開催し、述べ参加人数は330人を超えました。

❖ チャレンジ4「人間繁盛、商売繁昌」を広げる仲間を生み出す

チャレンジ3までの経験により、私は人を繋げることが出来るようになりました。しかし、私一人でのチャレンジには限界があります。また、その活動範囲も限られてしまいます。

そこで、これからおこなうチャレンジとして、私の想いに共感してくれる方に協力していただき、全国へ「人間繁盛、商売繁昌」の理念を広げることです。

まずは、力強い味方を探します。自分では気が付かずに「人間繁盛、商売繁昌」を行なっている方を全国から探し出し、その方に「あなたはすごい！」ということを伝えたいと思っています。そして、ぜひ私と共にあなたの活動、つまり「人間繁盛、商売繁昌」を広げてほしいということをお願いしていくのです。

この活動は私が様々なセミナーや講演会に赴き、そこで出会った方との関係性により生まれてくるかと思いますので積極的に全国を飛び回りたいと思います。

次に、「人間繁盛、商売繁昌」を基本から学びたいという方を集い、そのきっかけをつかんでいただくことです。

まだまだ勉強中の私には、自分の体験や方法でしか教えることは出来ませんが、その方の変革のきっかけを掴んでいただけるように全力を尽くします。

有志の募集は、これから発足させる「人間繁盛、商売繁昌」セミナーによりおこなっていきたいと思います（活動内容については、第4章で詳しくご説明しています）。

「挑戦」を続けることで、当然「出会い」も増えていくでしょう。

これからの人生も、とても楽しみです。

第3章

「人間繁盛、商売繁昌」への7つの実践ワーク！

【行動すれば何かが変わる】

本章では、私、能登清文の体験をベースに作り上げた、「人間繁盛、商売繁昌」になっていただくための「7つの実践」をワーク形式で実践していただきます。

最初から7つ全てをおこなうことは、なかなか難しいかと思いますので、まずは一つ始めてみてください。ただし、効果はいきなり形になって現れませんので継続することが大切です。自分や会社で出来そうなことを選び、毎日続けてください。

人によっては、既に習慣であったり、当たり前のこともあるかも知れませんが、ただ行動するだけではなく、その意味を深く考えながら改めて実践してみてください。

そこには、いままでにない学びや気づきが溢れているかと思います。

それでは「7つの実践」をおこなっていきましょう

実践1 毎日「ハガキを書く」

第1章でご紹介した、私の人生の転機ともいうべき、平成20年1月に開催された「富士研セミナー」。

このセミナーでハガキの大切さを学んで、「よし、自分もこれから毎日書くぞ」と決意したものの、当初の3年間は書いたり書かなかったりの状況でした。半ば義務感で書いているような時期もありました。

ですが、そんな気持ちでいくらハガキを書いても「人間繁盛」にはつながらないものです。

平成22年5月24日の「福ふくゼミナール」でのことでした。壇上の上甲晃先生が講演で、このようなお話をされたのです。

「イエローハット創業者の鍵山秀三郎先生の言葉『凡事徹底』を知っている人は多い。しかしながら『凡事徹底』を実行している人は少ない」

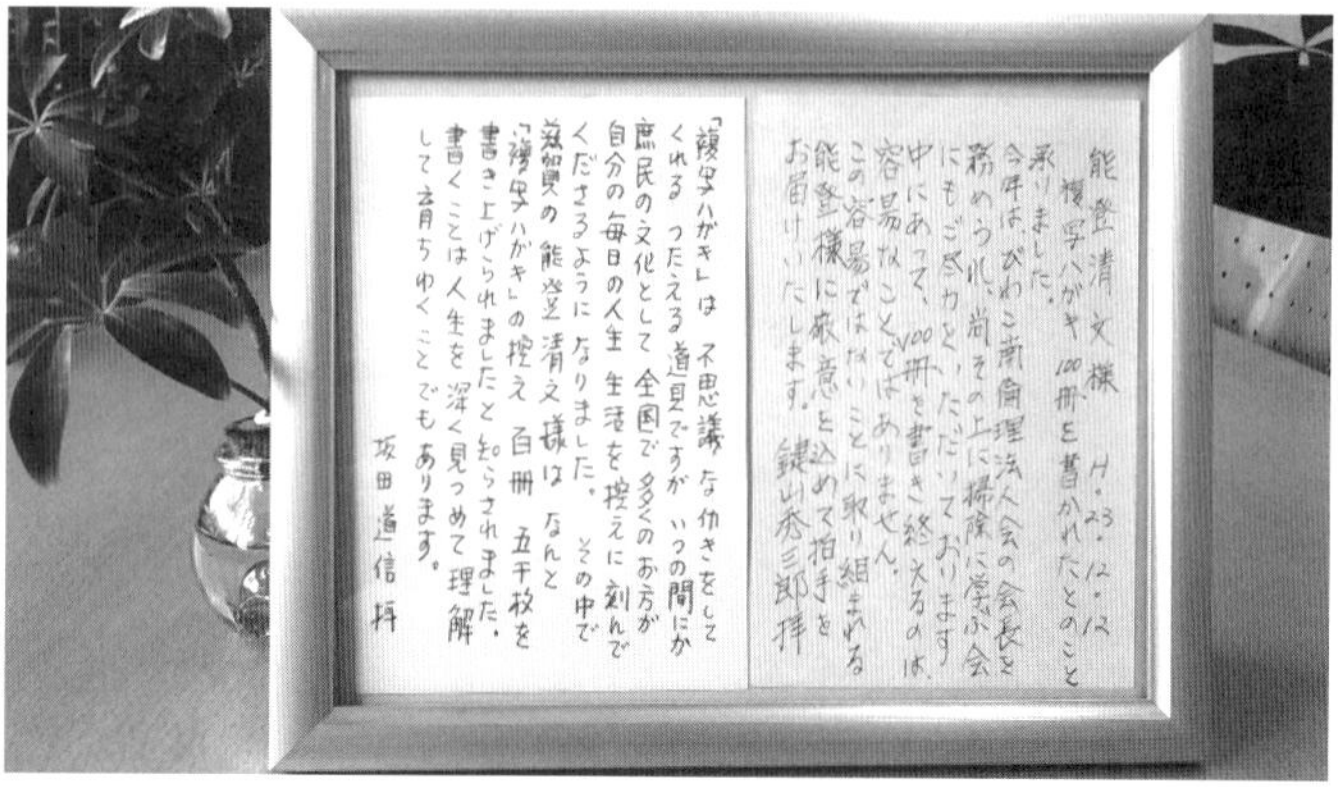

右：鍵山秀三郎先生、左：坂田道信先生よりいただいたハガキ

このお話を拝聴して我が事を省みると、自分も鍵山秀三郎先生に何度もお会いしているのに「凡事徹底」が実行できていないことに気づきました。「今日から毎日ハガキを書く」と決意し、その日は帰宅後すぐに筆をとりました。

その日以来、毎日書き続けていて平成30年4月11日時点で2878日継続中となっています。

海外に出張に行っていても、富士研に参加していても、熱を出したときでも、ディズニーランドの開園前の待ち時間でも、どんなときにもハガキを毎日書くようになりました。毎日書き始めるとハガキを書く時間がどんどん楽しくなり、今では朝起きてハガキを書かないと気がすまない状況になりました。

ハガキを「継続」して書いていることで、点が線に、線が面になるように人との繋がりがひろがっています。それに伴い当初、1日3枚書いていたハガキが、今では10〜20枚を当たり前に書くようになりました。

これも私のハガキの師匠である、木谷昭郎さん（福ふくゼミナール代表）のおかげです！

さらに「ハガキ道」の伝道師ともいうべき、坂田道信先生にも出会えたことで複写ハガキを知ったことにも感謝しています。


昔は義務感でハガキを書いていた私も、今では「お客が増えるハガキ世話人」として勉強会を開催するまでになりました。

感謝のハガキ、ありがとうのハガキを書くこと、それを継続することの大切さをお客様の会社にも紹介しています。

また、私の経験を通じてオリジナルの「繁盛ハガキ」というハガキの書き方も考案して、講演会や勉強会（最高の朝ごはん会）で皆さんと実践しています。

次ページにて、その書き方と実際に参加者が書かれたハガキをご紹介します。

ここで、ハガキを書き始めたことによる私の「人間繁盛、商売繁昌」の成果をご紹介します。

平成18年11月20日から書き始めて、1年目２００枚、2年目６００枚、3年目７００枚、4年目１０５０枚、5年目２４５０枚、6年目２５００枚、7年目５１００枚、８

繁盛ハガキの書き方

繁盛ハガキ①（普段用）表面

印刷で良いが、手書きはプラス

名刺と同様に似顔絵や顔写真を入れたデザインを作り、プリンタで印刷する

住所、電話番号は必ず入れる

ホームページ、ブログ、Facebook も記載

繁盛ハガキ②（記念日用）表面

誕生日、創立記念日、結婚記念日等の記念日を、切手で隠れるように印字

切手は、花や動物等、シールタイプを活用

★記念日に届くように 1～2 日前に投函する！

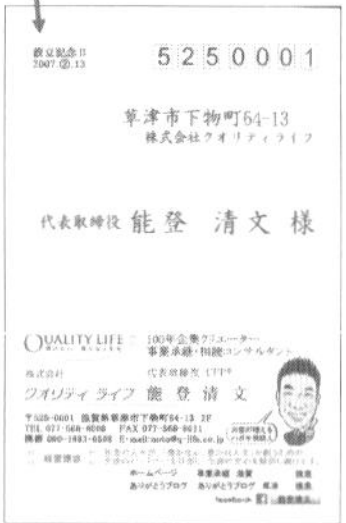

<表面>

裏面は、写真、イラスト、風景などのポストカードを使用

コメント、メッセージは、必ず手書きする！

書いた日付でなく、記念日の日付にする

<裏面>

繁盛ハガキ②（一言メッセージ用）表面

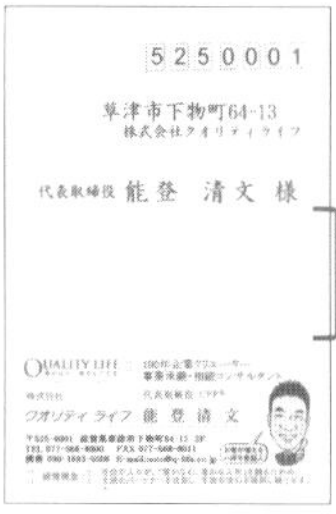

住所、電話番号は必ず入れる

ここに一言メッセージを書いても良い
「先日はお会いでき、嬉しかったです。」
「素敵な笑顔をありがとうございます。」
等々

他の人の応援、（本、セミナー等の紹介）を印刷して入れてもよい。

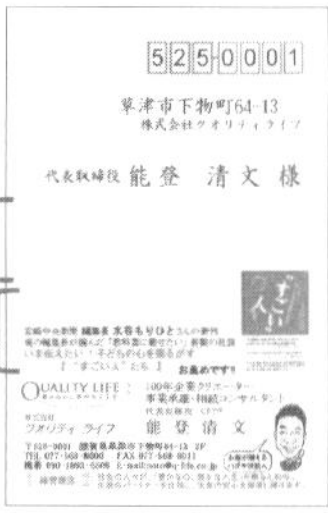

<裏面は、写真、イラスト、風景などのポストカードを使用>

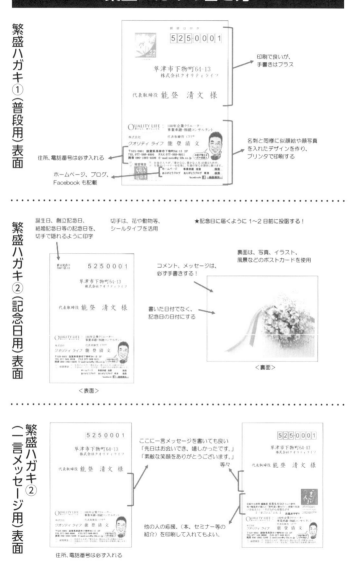

繁盛ハガキ実践例

吉田 俊子さん

オモテ

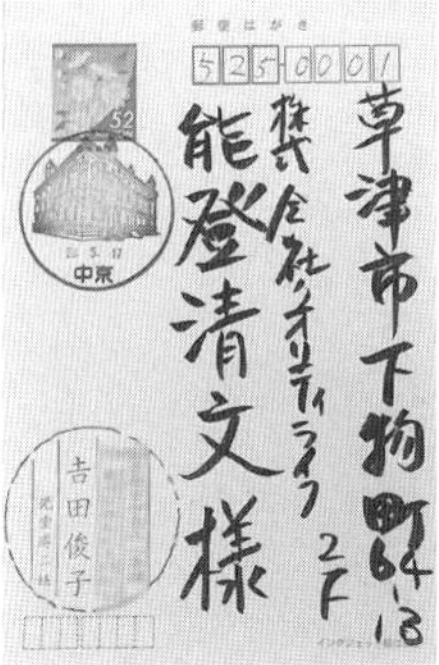

ウラ

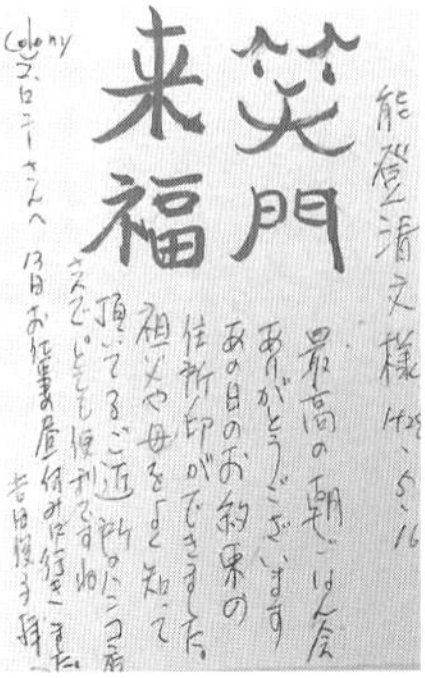

塩入 隆志さん

オモテ

ウラ

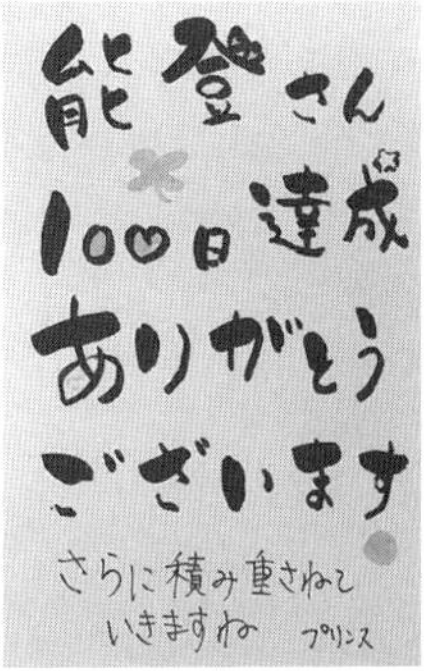

川那辺 千恵美さん

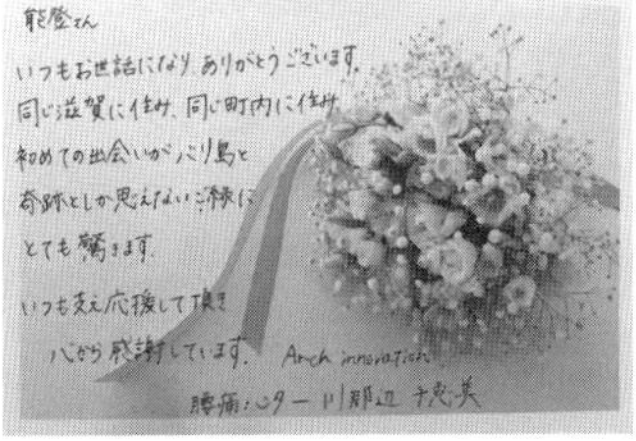

蒲ヶ原 裕子さん

年目　５５００枚・・・と書き続けてきました。
すると、滋賀県の人への年賀状は８人→８００人に増えました。滋賀県の経営者の知り合いも０人→１５００人に以上に増え、多くの出会いへとつながりました。

さらに、毎日ハガキを書き始めた平成22年から、以下のような様々な変化がありました。

・法人の経営者のお客様が増え始めた
・お客様からご相談いただき仕事ができるようになってきた
・平成23年　びわこ湖南倫理法人会の会長拝命
・平成26年　滋賀県倫理法人会の会長拝命
・平成24年「お客が増えるプロダクション」様の取材、ＣＤを発行いただだいた

「お客が増えるプロダクション」様に発行いただだいたＣＤは、その時点の私の人間繁盛、商売繁昌への実践をまとめてくださった内容です。

能登清文ＣＤ『経営の目的はお客の会社の永続、生涯の安心を提供する保険代理店は保険を〝売らない〟からお客が増える！』（お客が増える★プロダクション発行）

・CDの内容（抜粋）

クオリティライフ能登清文の経営戦略

（対象の幅が広くなりがちな生命保険の営業において、中心客層を経営者に設定。

客層に合致した「業績アップ支援」「事業承継」のサポートが実質的サービス商品。

経営を通してお客のライフプランを応援し、見守るために保険を手段とした資産運用のお手伝いも重点商品。

保険金や給付金を自分の手でお客に渡すために草津市を中心とした滋賀県を業務範囲エリアに設定。

お客の会社が永続するためのお手伝いが仕事の目的ゆえ、営業活動は経営状態を尋ねたり、事業承継や相続について質問したり、お客の話を聞いたりすること。

お礼はハガキ。

感謝の気持ちを表すにはハガキ。伝えるために継続。

同友会や倫理法人会など経営者の集まりに参加し、役員を務めることで経営者から話を聞かせてもらうことが最善の勉強方法であり、商品力と位置づけ・・・ほか）。

・お客が増える★プロダクション（CD紹介・販売ページ）
http://www.okyakugafueru.com/colum/onsei-cd.html

★能登清文反省事例
～契約に焦ったときの落とし穴～

ハガキの活用により「人間繁盛、商売繁昌」に近づく一方、私の本業である保険代理店は、経営者の方から大きな契約を頂くことが増えました。

しかしながら、以前と比べて仕事のアポイントが減っていました。

その原因は、平成23年1月に「滋賀県びわこ湖南倫理法人会」の会長を拝命した私は、会長のお役に追われて、仕事のアポイントがなかなか取れない状況が続いていたのです。

そんなときに当時一番の大口顧客だった社長から、お電話をいただきました。

「能登さん、大変申し訳ないが、我が社の売上が急にダウンしてしまい、資金繰りのために生命保険契約を至急解約したい」

「わかりました、社長。すぐに手続きいたします」と言いながらも、内心では(解約になったら大きな金額の保険手数料を保険会社に返金しないといけない。どうしよう。売上マイナスになるのでは?)と不安が尽きません。

保険商品というのは、短期解約が発生した場合ペナルティが有るのです。

本来であれば、お客様の売上ダウンの心配をして「何かお役に立てることはないか」と考えないといけない状況で、自分は情けないことに自身の心配ばかりしていました。

その結果・・・解約依頼の電話の直後、仕事のことばかりで焦った私は、スピード違反で捕まってしまいました。お客様の心配をしないといけない状況で自分の心配ばかりしていた己の不徳であり、自業自得というべきものでした。

この結果、生命保険契約解約で売上はマイナスになってしまいました。これは仕事のアポイントが取れていなかったことや、私の慢心への警告メッセージだったのだと思います。

まだまだ未熟な自分自身を反省した苦い思い出です。

人間繁盛になる実践ワーク1
〜毎日「ハガキを書く」〜

1　いつ書くか決める
2　どこで書くか決める
3　誰に書くか決めて、感謝することを書く

実践2　毎朝「朝礼をおこなう」

独立当初、弊社の社員は自分も入れて3人でした。

「小さな会社だし、3人だったら朝礼は不要だな」と思っていたところ、全国には1人朝

礼、夫婦朝礼等を実施している方がいると拝聴し、「ならば自分も」とスタートさせたのが「活力朝礼」です。その結果、理念共有、コミュニケーション促進の素晴らしい場が出来たと実感しています。

朝礼では「職場の教養」という小冊子の一節を輪読し、感想を発表するようにしています。そのおかげで、お互いのコミュニケーション向上、いろいろな気づき、改善に役立っています。朝礼のおかげで、私も社員も元気に笑顔で毎日をスタートできています！

滋賀県の朝礼といえば、「元気発信朝礼®」を実践する株式会社ビイサイドプランニング様が有名です。滋賀県倫理法人会が開催する「朝礼バトル」（朝礼自慢の会社のコンテスト）で平成25年、26年、27年と3年連続優勝されて、今や新聞やテレビでも話題になっているのが、同社の「元気発信朝礼®」なのです。

ビイサイドプランニングの永田会長が「元気発信朝礼®」をスタートされたのは、平成21年、リーマンショックで主力商品の売り上げが一気に80％ダウンしたという最悪な状況のなかでした。永田会長には、「社員が朝礼で元気な笑顔になって、その笑顔でお客様先を訪

パワー全開・活力朝礼のススメ
県内の有名朝礼企業が大集合!!
朝礼バトル
2014

問して欲しい」という願いがありました。

「元気発信朝礼®」の効果で社員は笑顔で訪問するようになり、お客様からは「求人広告業界で儲かっている会社は、ビイサイドさんだけやね」と言われるまでになりました。

しかし、内情は大赤字で厳しい経営状況が続いていたといいます。それでも、くじけず「元気発信朝礼®」を「継続」した結果、その翌年には、一気にV字回復を成し遂げられました。ビイサイドプランニング様から朝礼の素晴らしい効果、社員が元気に笑顔に仕事をスタートする大切さを実感します。

人間繁盛になる実践ワーク2
〜毎朝「朝礼」をおこなう〜

1　最近おこなった（参加した）朝礼の日付と内容を思い出す

2　今の自分と会社の目標を書く

3　次の朝礼で発言することを書く

実践3　瞬時に「依頼を受ける」

私が「滋賀県倫理法人会」に入会した1か月後、中村会長、中川事務長からお声掛けがありました。「能登さんに、倫理法人会で最も大切な教え、神髄について教えましょう」と言われて、私はその場で「はい、ぜひ教えてください」と即座にお願いしました。

「それは、大切なのは、頼まれたことは『はい喜んで！』と受けること」

「能登くん、わかった？　頼まれたことは一瞬で『はい喜んで！』と受けるのやで！」

「はい」

「それじゃあ、9月から幹事をお願いね！」

「は、はい！　喜んで!?」

こうして入会3ヵ月後に、私は瞬時に幹事を拝命することになりました（笑）。

このように、「はい喜んで！」といただいたお役をすぐに受けるようになると、次々と倫理法人会内の大役を拝命することになりました。

・平成18年9月〜　幹事
・平成19年9月〜　幹事＋滋賀県倫理法人会　広報副委員長
・平成20年9月〜　専任幹事＋法人レクチャラー拝命
・平成23年1月〜　びわこ湖南倫理法人会 会長拝命
・平成24年9月〜　滋賀県倫理法人会 普及拡大委員長拝命
・平成26年9月〜　滋賀県倫理法人会 会長拝命
・平成29年9月〜　滋賀県倫理法人会 副会長拝命

ざっと書き出すと順調に見えますが、実は、一度だけ依頼をお断りしたことがありました。

それは、はじめて「法人レクチャラー」（倫理法人会内のモーニングセミナー、ナイトセミナーで倫理の実践談、体験談を講話して伝える役）のお話をいただいたときでした。

「夜の経営者の集い、翌朝のモーニングセミナーと2回・・・今の自分にそこまで皆さんへ講話なんてとても出来ない・・・」と委縮してしまいお断りしたのです。

その後、1週間くらい気持ち悪い状況が続きました。それは「お役を受けたのに断った」

という自己嫌悪から来るものでした。

この反省から、やはり「はい！　喜んで！」で何でもお受けしていこうと再度決意し、レクチャラーを拝命、同時に幹事のお役もいただきます。

その後、さらに責任のあるお役の「びわこ湖南倫理法人会会長」、「滋賀県倫理法人会普及拡大委員長」もお受けしました。

さらに、平成26年9月からはなんと若輩者である私が、県をまとめる「滋賀県倫理法人会」（会員約６００社）の会長を拝命することになったのです。

新庄昇前会長からこのお役を拝命されたとき、迷いなく「はい！　喜んで！」とお受けできたのは、以前の失敗の経験からだと思います。

失敗を失敗で終わらせず、それを乗り越えたことが私の成長だったのかなと思います。

今では、失敗を「成功へのきっかけ」と思えるほどになりました。

実は、この会長職任命は事前にわかっていたことだったのも、私が即断出来た理由です。

その理由は、県の会長を拝命される2ヵ月ほど前、辻中公さんがおこなう「情報推命学」による個人鑑定を受けたときに、「能登さん、「大役」を依頼されたときは、喜んでお受けくださいね」と言われていたのです。

このやりとりがあったときもまさかここまで大役とは思いませんでしたが、心の準備が出来ていたことは大きな後押しだったと思います。辻中さんには大変感謝しております。

ただ、私にもまだまだ「はい！　喜んで！」が苦手な分野があります。それは・・・妻からの頼まれごとです・・・。どうやら私の修行はまだまだ続きそうです。

人間繁盛になる実践ワーク3
～瞬時に「依頼」を受ける～

1　最近断って後悔している頼みごとを書く
2　次に頼まれたらどう答えるか書く
3　今までに自信がなくても頼みを聞いてうまくいったことを書く

実践4　先輩から「話を聴く」

私は「複数の会社の保険商品を扱いたい」という想いからアリコジャパンを辞め独立し、これまでにお客様に最適な保険商品を比較検討、提案してまいりました。

時代はかわり、多数の保険を扱う保険代理店が増えた結果、「複数の保険を扱う」ことだけでは差別化がしづらくなっています。

そんなときに助けていただいたのが、「夢現塾」という、経営者仲間として共に学び、お互いが社外取締役的に助言し、自社事業の報告・相談、ときには、注意、指導、軌道修正する経営者コミュニティでした。

「夢現塾」には私が尊敬する3人の経営者、株式会社タオ　井内良三社長、株式会社ビイサイドプランニング　永田咲雄会長、株式会社マルニ　水野元也社長が参加されており、お三方から「事業承継、相続の専門家として、もっともっと特化したらどうか」と助言をいただきました。

私はそれから自分の名刺に「事業承継・相続コンサルタント」と入れ、さらに「100年企業クリエーター」を名乗り、肩書に負けないよう専門家を目指して日夜勉強し、お客様に情報提供をし、相談にも乗らせていただきました。

保険の提案による差別化がしづらくなっていた私に、「100年企業」「事業承継」「相続」の相談に乗るという新たなサービスができました。

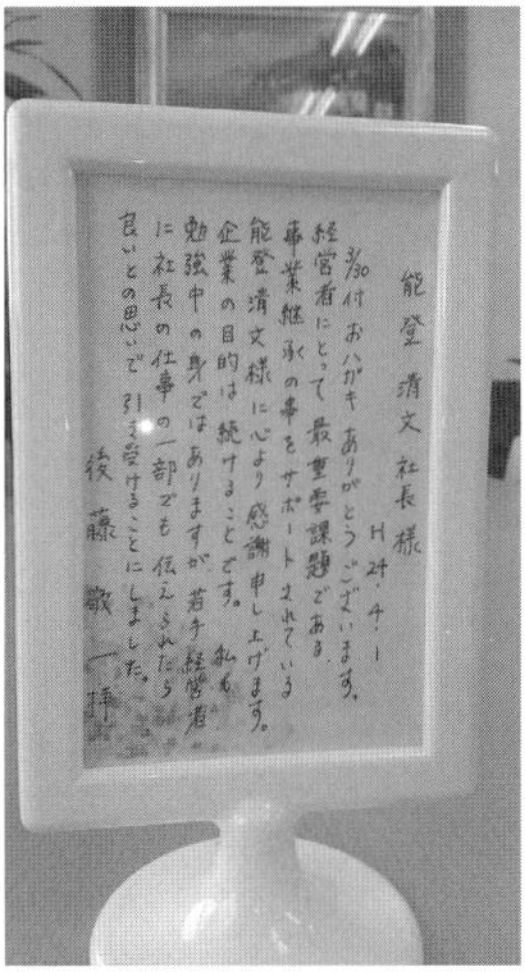

滋賀ダイハツ販売（株）後藤敬一社長よりいただいたハガキ「経営者にとって最重要課題である事業継承。企業の目的は続けることです。」

経営者の夢を聴いて、100年企業を目指す・・・それは、私自身の人生、経営の学び、刺激、気づきとなり大きな糧であり、とても楽しくありがたい貴重な時間です。

事業承継のサービスのおかげで、日本経営品質賞受賞企業でもある滋賀ダイハツ販売株式会社の後藤敬一社長が塾長の『福ふくゼミナール後継者実践塾』のお世話役、講師もさせていただく機会をいただきました。

人間繁盛になる実践ワーク4
～先輩から「話を聴く」～

1　話を聴いてみたい先輩を書く

2　先輩になにを聴くか書く

3　いつ先輩に会うか書く

実践5　人と人を「繋ぐ」

人と人を繋ぐと、結果的に「人間繁盛、商売繁昌」に繋がります。

日頃いろいろな人とお会いしている私は、人と人を繋ぐことで、本業以外の問題解決や応援をさせていただいています。

そのきっかけは単純です。困っている方を助けたいときに、その問題を解決できる方を探して紹介しているだけです。

・まず困っている人を見つける
・次に、その人が何を求めているのか？　を探す
・最後に、その答えを知っている人を紹介する

私自身が直接解決できなくても、解決できる人を紹介させていただくのです。

その結果、困っていた人、問題解決をしてくれた人、私の全てが幸せになります。当然、そこに「人間繁盛、商売繁昌」が訪れます。

本当にありがたいことですが、人を紹介して問題解決になると、紹介した私にまで感謝していただいたり、お仕事の紹介をいただくことも多いです。

思い返せば滋賀県にほとんど知り合いがなく「人間貧乏」だった私が、今では、「こんな人を紹介してほしい」とご相談をいただく立場になりました。

今では、「滋賀県倫理法人会」、「滋賀県中小企業家同友会」、「盛和塾滋賀」、「福ふくゼミナール」等の経営者団体、勉強会での仲間づくりを積極的におこなっています。

仲間づくりにより、新たな出会いのチャンスがひろがり、参加者が増えると経営者団体、勉強会の主催者やお世話役に喜ばれます。

参加者にも新たな学び、成長の機会になり喜ばれます。これぞ三方良しです。

人を応援していると結果的に自分自身をいろいろな機会で応援していただけることを、折々に実感します。

人と人を繋ぐ重要性、大切さをいろいろな事例を通じて教えていただいたイーエフピー株式会社の花田敬社長には、深く感謝いたします。
もっともっと人を応援して喜んでいただけるように行動していきます。

人間繁盛になる実践ワーク5
～人と人を繋ぐ～

1　いま応援したい人を書く

2　応援したい人がどうなれば幸せになるか書く

3　どうやって応援するか書く

★コラム「ルーツに感謝」

『あなたの可能性の種を咲かせましょう！』（ごま書房新社）の著者、辻中公さん（やまとしぐさ伝承学 師範）の「可能性の種を咲かせるワーク」にて「ルーツに感謝」という概念を教えていただき、今まで自分がしてきた人付き合いの浅さに気づかされました。

お世話になった人に感謝する気持ちは当然のことです。自分はこのレベルで止まっていました。

それを「ルーツに感謝」の概念では、お世話になった人を紹介いただいた人、さらにその元、さらにその元にも感謝してご縁を紡いでいくと教わりました。

そういえば、以前こんな出来事がありました。

当社はある会社との保険代理店契約を「絶対に無理、不可能です」と断られたことがありました。「やはり難しいのだろうか・・・」と、あきらめかけていたときに出会ったのが、尊敬するF先輩でした。

F先輩がO代理店を紹介してくれたおかげで、諦めていた契約にも僅かな可能性が出てきたのです。

そこで早速、真心を込めて「ルーツに感謝」を実践したことで奇跡が起こりました。

私はこの出来事に感謝し、F先輩とO代理店、そしてF先輩とO代理店のご縁を繋いでくれたH先輩に御礼の電話をし、ハガキを送りました。さらに、F先輩とのご縁のルーツにあたるT先輩のことも思い出し、久しぶりにお電話しました。

するとその後、F先輩、O代理店、H先輩、T先輩全員に応援していただき「絶対に不可能」とまで言われていた代理店契約が実現という奇跡が起こったのです。

Re produce 魔法の講演家 辻中《つじなか》公《くみ》
あなたの"可能性の種"を咲かせましょう！
～泣き虫だった主婦が2万人を行動させた"キセキ"の魔法～
2万人のお母さんたちとその家族の人生が変わった！
フツーの主婦から 魔法の講演家へ！
あなたが"変わりたい"と思った時が"キセキ"の始まり！
夢や幸せは強く願えば向こうからやってきます

無償の応援をいただいた皆さまのあたたかさを実感し、ありがたく嬉しく、ただ感謝するばかりでした。

本当にあの時は嬉しかったです。

大切なのは目の前のことだけに感謝をすることから、もう一歩奥へ感謝をお伝えすることで深い絆が生まれるのです。

「ルーツに感謝」により、ご縁づくりの深さを改めて実感しました。

実践6　日曜日は「家族を喜ばせる」

平成24年2月、妻が突然入院することになりました。医者は手術する必要があるといいます。悪いことは重なるもので同じ時期に妻の母も入院、手術することになってしまいました。

そのとき私は「甲賀市準倫理法人会」の開設準備に追われており、開設まで残り1ヵ月を切る状況でした。毎日活動しなければならないことが山積みで、困っていた私に手を差し伸べてくれたのが、新庄県会長と田中甲賀市会長でした。

「能登さん、甲賀市の開設は我々に任せて、奥様とお母様を看てあげてください！」

このようなありがたいお言葉をいただきました。倫理法人会の倫友のあたたかさ優しさ、ありがたさを実感した瞬間でした。

約2週間、本業の営業活動も倫理法人会の活動もストップさせて家族の看病に専念しました。夜になると、幼稚園の娘が「お父さん、お母さんはいつ帰ってくるの？　お母さんまだ?」と泣き出し、小学生の息子も「寂しい」と言い出します。

普段、私が1週間出張で家を空けても子どもたちは笑顔で元気にしていますが、妻がいないと寂しがって不安がるのを見て、改めて妻のありがたさ、大切さを痛感しました。

妻が入院中、普段はゆっくり寝ている中学1年の長女が朝5時に起きて幼稚園の娘のお弁当を作ってくれました。娘の成長を感じると同時に、本当に頼りになってありがたかったです。

妻の入院によって、仕事もストップ、倫理法人会等の勉強会活動もストップ、全てストップせざるを得ませんでした。あらためて、普段仕事に専念できるのも、諸団体の活動ができるのも妻が私を支えてくれているおかげなのだと痛感しました。

そんな妻から「あなた、独立してから決まったお休みがない。家族のためにも定期的なお休みをとって欲しい」と言われハッとしました。

毎年、休みをとって旅行に行き、妻から頼まれた日は休みをできるだけとって、必要な行事にも参加していました。私は妻や家族のために時間をつくっているつもりでしたが、妻は不定休の私に「毎回お願いするのはしんどい」と感じていたのです。

独立後、妻に我慢、ストレスをかけていたことに初めて気づき、ただただ反省するばかりでした。

この一件があってから平成24年6月より「日曜日は完全に休む」ことに決め、今では日曜日は私のなかで妻を最優先する日となりました。

人間繁盛になる実践ワーク6
「日曜日は家族最優先で」

1 この前の日曜日、家族と一緒に笑った出来事を書く

2 今までに家族が一番喜んだことを書く

3 今度の日曜日、家族を喜ばせる方法を書く

実践7　月に一度「先人に感謝する」

皆さんは最近、いつお墓参りに行きましたか?

実は「人間繁盛、商売繁昌」の成果とお墓参りには深い関係があります。

日本における最初の墓石は「千引石」(ちびきいわ)と言われているそうです。

神話によると、千引石は「道反の大神」(みちかえしのおおかみ)とも言われ、女神イザナミの死後、彼女がこの世に出てくるのをさえぎって、もと来た黄泉の国へ追い返す役目を果たすべく、イザナギが千人でやっと引き動かす事のできるほどの大きな「千引石」であの世との出入り口を塞いだとされています。

つまり、お墓にはあの世とこの世の境目の役割があるのでしょう。

また、イザナミとイザナギが千引石をはさんで「事戸(決別)を渡す」シーンは、現在のお墓参りでの「亡き故人との対話」の原点だそうです。

私たちのお墓参りも、ご先祖様に家族の出来事を報告するため、ご先祖様のご冥福を祈るため、ご先祖様に感謝するために行くことが多いと思います。

また、お墓を掃除したり、お花やお水をお供えしたり、このようなお墓参りに必要な一連の動作をすると心が軽くなるような感じがしませんか。

私もご先祖様のお墓参りに毎月行くことで、心が落ち着き、不安が少なくなりました。

お墓参りに行ったときは、まず父に現状報告をします。母も一緒に連れて行って、母とも話します。父を亡くし落ち込んでいた母も、次第に笑顔を取り戻し明るく元気になってくれました。

ここで重要なことは、普段誰にも言えないこともご先祖様の御前では、素直に自然と話せることです。それほどご先祖様は遺伝子レベルで尊敬している存在だということです。

心から尊敬できる人にならなら本音を言えるでしょう。つまり、現状の自分自身の本当の心の声を聴き、見つめなおす機会になるという点です。

達成感というのは、自分の納得するゴールに近づくことです。誰かに「すごい！」「よくやった！」と言われても、ほんのわずかな間でその満足はなくなり、また何かを追い求め

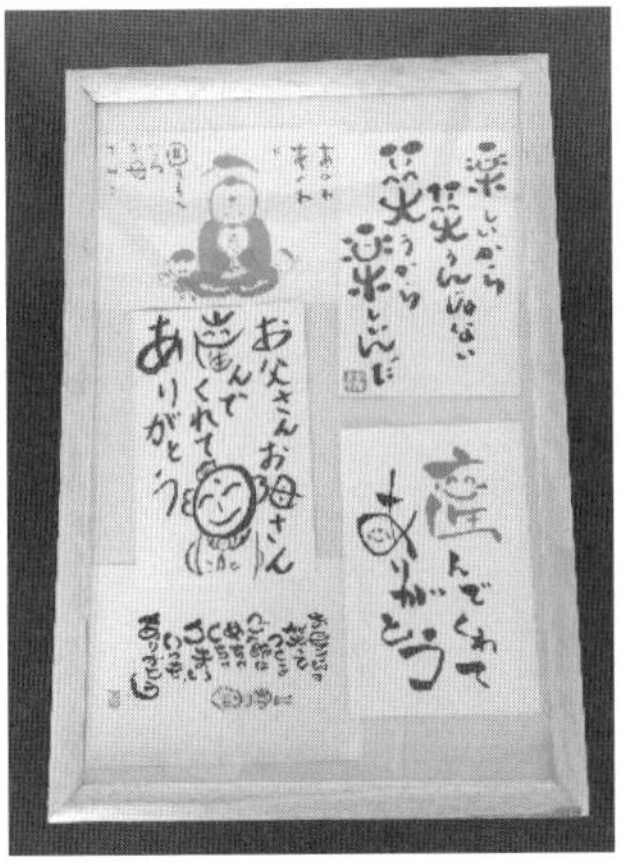

たくなります。

だからこそ、お墓参りという非日常の環境で、時にはいまの自分をさらけ出し、本当の自分の目標を口に出してください。そして、これからの行動を再確認したり、修正して自分のゴールを再確認してください。

そこに、一人ひとりの「人間繁盛、商売繁昌」の本当の成功が待っています。

○産んでくれてありがとうハガキ

お墓参りとあわせて毎月1日に「産んでくれてありがとうハガキ」を実家に送っています。これは、辻中公さんの「産んでくれてありがとうを伝えようプロジェクト」に感化された取り組みです。

平成27年3月のことです。お墓参りをすませ、実家に帰ると「産んでくれてありがとうハガキ」を飾る額が2つに増えていました。父の仏壇の横に飾られた2

つの額には、今まで私が送ったハガキがずらりと並んでいました。

母が、毎日仏壇にお参りするときにハガキを見てくれているのだと思うと嬉しさでいっぱいです。

当時から毎日、母にハガキを書いていますが、親にとって子どもからの「産んでくれてありがとう」という気持ちは、やっぱり特別なのでしょう。

人間繁盛になる実践ワーク7
〜月に一度「先人に感謝する」〜

1　親に感謝したいことを書く
2　最近お墓参りに行った日を思い出す
3　先人のおかげでうまくいったことを書く

第4章

能登清文の「人間繁盛、商売繁昌」への挑戦！

【経営者、働く方、企業を存続させ幸せにするために！】

最終章として、これまでの実践とは少し違った、未来へ向けた「人間繁盛、商売繁昌」をお伝えしていきます。

22世紀まであなたの会社を残す手段とは？
金融危機が迫る日本で経営者、働く方、企業が生き残る秘策とは？
さらに、未来のリーダーである若き経営者が、羽ばたくための戦略とは？

このように、「人間繁盛、商売繁昌」を具体的にビジネスに活用するためのヒントをお伝えしていきます。

ぜひ、すべての働く方の生涯の安心を得るために、お役立てください。
そして、なぜ私が１００年企業クリエーター、事業承継という事業をおこなっているか？
それは全て、この章をお読みいただければ、ご理解いただけるかと思います。

1、あなたの会社、事業を22世紀まで残してください！

私の名刺には、100年企業クリエーター、事業承継・相続コンサルタントと書いています。

少し難しい肩書ですが、要は地域で雇用をつくり、社員、家族の幸せのために全財産、全時間、情熱を懸けて経営されている・・・そんな尊敬できる経営者の会社を上手に承継していただき、後世まで残すことが仕事です。

尊敬できる経営者のお役に立てることは、本当に嬉しく充実感があります。そんな経営者の功績は日本の文化であり遺産だと思います。

だからこそ、無駄のない正しい事業承継をおこなっていただき、その後も100年以上続く老舗企業に成長させていくことをお手伝いしたいのです。

この仕事はいまの私に与えられた使命と考えています。

さて、この事業承継とは、会社の経営を後継者に引き継ぐことをいいます。

中小企業にとって、オーナー社長の経営手腕が会社の強みとなり、事業に大きな影響を

事業承継の全体のポイント

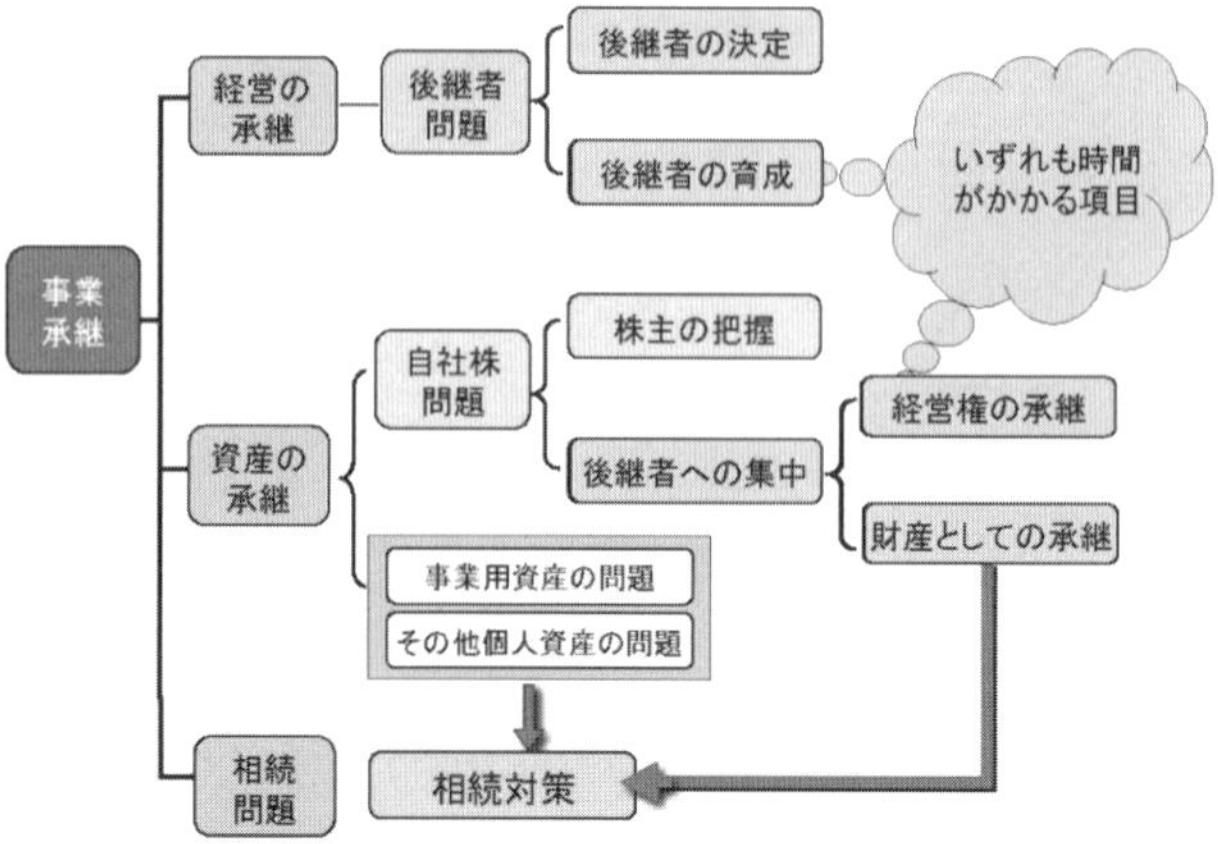

出典：株式会社シャフト様の資料より引用

もっていることが多く、「誰」を後継者にして、事業を引き継ぐのかは重要な課題です。

また、事業承継は単に「経営を誰に引き継ぐか（経営の承継）」という問題ではなく、会社の経営権そのものの「自社株を誰に引き継ぐか（資産の承継）」、ということと後継者教育も重要です。

事業承継のためには、まず事業承継の計画を立てることが必要です。

現状と将来あるべき姿を考えて計画していきます。事業承継には5年～10年と必要となることも多いのです。

事業承継は、後継者への経営の引継ぎ時期、自社株の後継者への毎年の引継ぎ計画等を立てて、毎年見直しながら実行していきます。この自社株を引き継ぐためには、まずは自社株の現状の持分、価格を確認することからスタートします。

ところが、なかなか把握している経営者はいません。時には長年ほったらかしで、想像以上に株価が上がっていることもありますので、皆さんも一度自社株の現状を確認されることをお勧めします。


会社を永続するということは、絶えず利益を継続させなくてはなりません。

盛和塾の稲盛和夫塾長も「会社を永続していく、お客様、社員を守っていくためには、社会の変化に対応していくためにも利益率10％は必要」と言われています。

ところが、私がサラリーマン時代にお世話になった会社は、なんと30年以上にわたり経常利益率40～50％を継続していました。

私が在籍した14年間で、売上は10倍以上に成長しましたが、経常利益率は変わらずに40～50％を継続していたことを思い出します。

これは、その会社の経営理念が「会社を永続する」と明確に定めていたことによることだと思います。

事業承継計画書の作成

事業承継計画書は、「現状」と「将来のあるべき姿」の両面を盛り込んで作成する

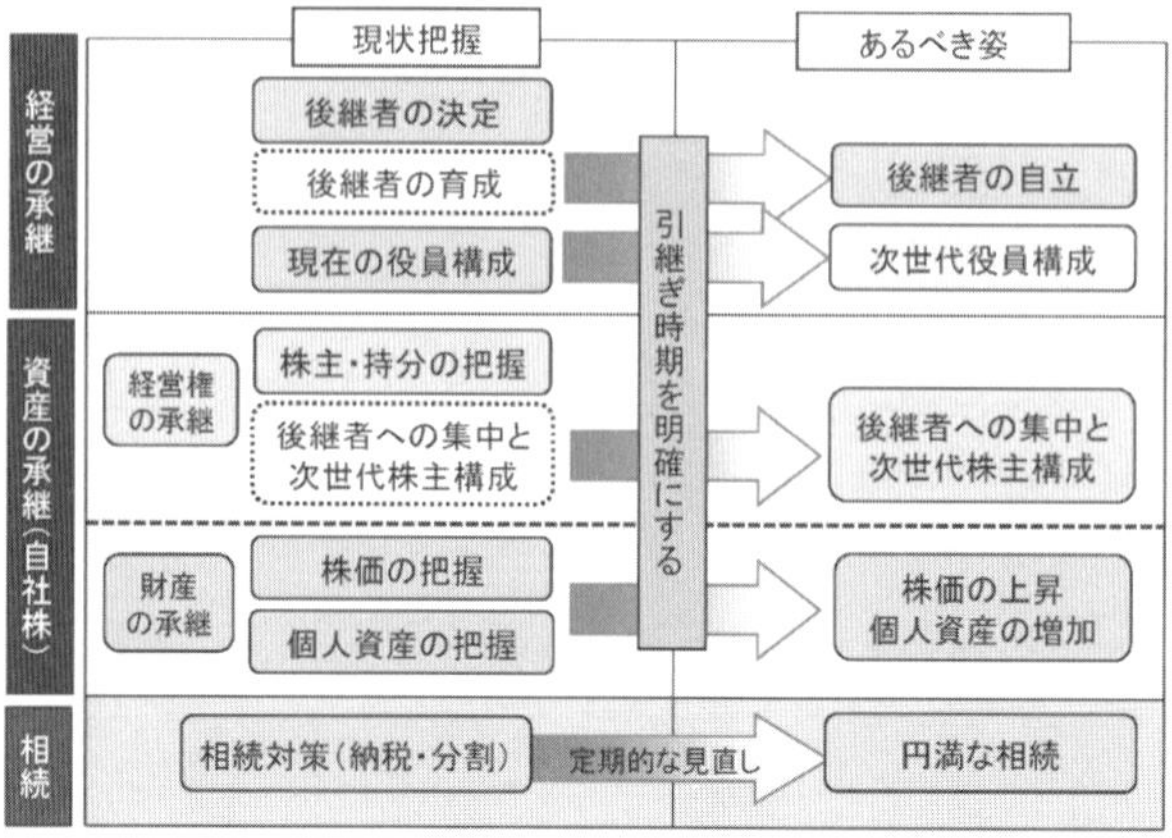

出典：株式会社シャフト様の資料より引用

お客様、社員の将来を守っていくためには、会社を永続していくことが必要ですが、そのためには利益率を高めていくことも大切です。

このように、事業承継には、将来を見越し、様々な視点からの取り組みが必要となります。

私の場合、主に5つの視点からお客様と一緒に事業承継に取り組んでいます。

1、後継者問題
2、自社株の持分問題、自社株の承継対策
3、資産の分割問題、遺留分対策
4、納税問題、納税資金の確保
5、退職金問題、生存退職金、死亡退職金の準備

特に、後継者問題は深刻になることが多いもの

です。

いざ・・・という時では遅いのです。経営者の方は、事前にぜひ今のうちに対策を練ってください。

○事業承継のメリット

事業承継は、必ず全ての会社に発生します。

そして、準備をしっかりおこなって進めていけば、大きなメリットが生まれます。

しかし、ほとんどの会社は、事業承継の準備をされておらず、社長の病気、死亡等で突然の社長交代等になることが多いのです。

中小企業では、経営の大部分が社長にかかっていることが多いです。そんな状況で突然の社長交代となった場合、事業の存続に影響を与えてしまうことも考えられます。

事業承継を考えて進めることで現経営者、後継者だけでなく、社員や取引先に対して以下のようなメリットがあります。

1、経営者の死亡によって事業が廃業になるリスクが減少し、事業を存続できる。

2、オーナー経営者は、退職金準備金や株式の売却により引退後の生活資金を確保できる。
3、事業が存続することにより、会社を支えてきた社員の雇用を維持できる。
4、取引先も取引関係を継続維持できる。
5、後継者の育成に計画的に取り組みできる。
6、自社株の後継者への承継対策、納税の準備、対策ができて節税も検討できる。
7、退職金も計画的に準備することで、借入金をせずに退職金を支給できる。退職金支給で赤字になることも防げる。

私は、これからも「人間繁盛、商売繁昌」の理念をもとに、生涯お客様と二人三脚で「事業承継・百年企業創り」に取り組んで行きます。

この最終章まで、素人の書いた実践書をお読みになってくださっている器の大きい経営者の皆様ならきっと素晴らしい事業、会社を築いているかと思います。

そんな皆様だからこそ・・・ぜひ、いますぐ事業承継や後継者づくりに取り組んでいただきたいと願っております。

【クオリティライフ・能登清文の事業承継事例】

事例① 8年計画の事業承継
滋賀県、サービス業、創業30年、社員数30人

私が事業承継、相続を中心に事業を展開するスタートになった会社の事例です。
この社長の強い思いは、「働く仲間がキラキラと輝き社会から必要とされ続ける100年企業」です。

社長に8年前に事業承継の相談をいただきました。当時、社長は47歳、45歳の時点で10年後、55歳で引退すると宣言されていました。

また、承継は、親族ではなく、他人に承継する、社員の誰かに承継したいということでした。

8年後、55歳で事業承継するために今から何を準備していくべきかを相談しました。この時点で、後継者候補はおられましたが、まだ最終決定していませんでした。

自社株の承継は、後継者が最終決定後に計画的に譲渡していくことにしました。株価も上がっており、短期間での譲渡は不可能なため長期で計画的に譲渡が必要でした。55歳という早い承継のため、その後の生活資金をどう考えて準備するかも相談しました。当時の退職金準備予定額では不足するために、計画的に退職金準備額の積立額を増加していきました。死亡退職金についても検討し、ご家族、社員さんが困らないように死亡保険金も見直ししました。

計画後は、毎年、打ち合わせ進捗確認をおこない必要に応じて見直しました。年2回の経営計画発表会にも参加させていただき、後継者、社員の方とも接し、業績の状況も毎年、確認させていただき、後継者の成長も拝見させていただきました。

いよいよ平成28年11月に当初の計画通りに、社長交代の第1回目の事業承継を見事に実行されました。経営の承継は完了されました。あと数年間で、資産の承継も完了予定です。

会長としての第二の人生をますます輝かれることと確信します。

そして、会長との約束は、「100年企業実現を天国で乾杯しましょう」となっています。

事例② 事業承継後、新規事業もスタート
滋賀県、サービス業、創業35年、社員数5人

この企業の社長には13年前にお会いして、「経営は続けていくことが大切。まずは役に立つこと」という理念にとても共感したのを覚えています。人生、経営者の大先輩としていろいろ教えていただきました。


有難いことに、その2年後に事業承継の相談をいただきました。

当時、後継者も決まっておらず、「社員が引き継いでほしいけど、無理やったら売却かな」とおしゃっていました。

まず退職金、死亡退職金を見直し、退職金の準備額を増やしました。

その後、社員さんが社長として承継することに決定。自社株の承継もスタート。

その後はとんとん拍子で、4年前に社長交代して会長に就任で決着となりました。

さて、社長の計画通りに事業承継されて、これからはゆっくりした人生を・・・と思ったのもつかの間、なんとその1年後、新たな使命を見つけて新規事業をスタートされました。

まだまだ現役で、新規事業を楽しそうに語られる会長には脱帽します。

事例③　事業承継の相談スタート直後に突然・・・
滋賀県、サービス業、創業60年、社員数約１００人

この企業の社長には、倫理法人会のご縁から約7年前にご相談いただきました。当時、先代のお父様から社長を引き継ぎ、経営の承継は完了されていました。しかし、自社株の承継がまだ途中、叔父さん、弟さんにも自社株が分散している、少し難しいケースでした。

そこで、まずお父様（会長）から叔父さんに話していただき、計画的に自社株を社長に集中していきました。これで事業承継の今後の予定もスムーズになります。

しかし、運命は残酷です。「さて、これからが本番！」というそんな矢先に、突然、会長が逝去されたのでした。私は悲しみに溢れながらも、その企業の未来を考え事業承継を続けました。

そして現在、時間は要しましたが、叔父さん、弟さんと相談されて、自社株を社長に承継中です。依拠された社長の想いに応えるために、私は「なんとしても完遂すると強い意志でこの事業承継をおこなっていきます。

事例④　分散している自社株を買取

滋賀県、サービス業、創業40年、社員数20人

社歴の古い会社は、以前は株主が7人以上必要だったため、他人にも自社株が分散していることが多いです。

これは前述のケースよりさらに難しい事業承継となります。

まずはいま、株がどこにどのようにあるのか？　の分析から始めますが、古いものだとデータなどは当然なく、手掛かりがないこともあります。

また、名義株の問題もありました。名義株とは、他人の名義を借用して株式の引き受け払込みがなされた株式です。名義借用の結果として株主名簿上の名義人である株主と、その株式の真の所有者とが異なる状態となっていましたので、これをまず解決しました。

実は、名義借用の必要がなくなった後も名義変更しないまま長年放置され外観上、株主が分散しているケースもよく見受けられますので注意が必要です。

さて、この会社の現状ですが、なんとか株の状態を把握し、複数に分散していた株を会社に全て買取いただき収集しました。今後、計画的に後継者に株を承継していく予定です。

まだ完了はしていませんが、近いうちの決着となるかと思います。

2、若手経営者を本物の経営者に導く

現在、私も副代表をさせていただいている福ふくゼミナールは、代表の木谷昭郎さんが、滋賀県に「本物」と呼ばれる方々をお招きし、いろいろなお話を伺い学ぶ機会をつくりたいと立ち上げられた勉強会です。若手経営者といっても、年齢が若いわけではなく、経営者としての経験が浅い方たちを中心に活動をおこなっています。

驚くことに、あの掃除道の鍵山秀三郎さんや、ハガキ道の坂田道信先生にもこの福ふくゼミナールに定期的にお越しいただいています。

この福ふくゼミナールで、特に企業の後継者を育成するための活動が「福ふくゼミナール後継者実践塾」で、開塾して7年目になります。

後継者実践塾は、滋賀ダイハツ販売株式会社・社長の後藤敬一塾長の、凡事徹底の実践を後継者に伝えて元気な企業が増えることを目的としています。

ちなみに、滋賀ダイハツ販売は、昭和45年以降、県下トップの販売台数を誇り、1988年には県下で初めて、新車販売台数1万台を突破。日本経営品質賞も受賞されました。

この滋賀ダイハツ販売の経営術を学び、現場も見学できて学べる貴重な機会ということで、滋賀県だけでなく、他府県からも参加されています。

後藤塾長の方針は、「答えは簡単です。成功している会社の真似をする事です。その通りに真似をする事です。お客様の為社員の為に良いと思ったらすぐやる。もっと良い方法があればすぐに変更する。クレームは全て私（社長）の責任です。そして凡事徹底を経営方針の中心として私が先頭に立って汗をかいて働きます」

この言葉通り、滋賀ダイハツ販売の経営や社風をそのまま実践すること継続することでうまくいく企業が続出。塾生からも大反響となり、塾生が仲間を誘って一緒に学ぶようになってきています。

また、実践、継続を大切にしているために、塾生が一度ではなく、何度でも続けて学べる内容であることも福ふくゼミナール後継者実践塾の特徴です。私も引き続き、後藤塾長の実践を塾生と共に学び、実践、継続していきます。

なお、福ふくゼミナール後継者実践塾では以下のような実践を行なっております。第7期の主な内容より抜粋して紹介します。

【第1講】後継者実践塾開校式　後藤塾長面談　後藤塾長講演会

【第2講】環境改善営業所訪問同行（滋賀ダイハツ販売様の営業所を巡回）
滋賀ダイハツ販売様で毎月1回、10年以上継続されている環境改善活動を一緒に同行して見学、体験します。

【第6講】マネジメントゲーム
滋賀ダイハツ販売様で全社員で取り組まれているマネジメントゲームを学び体験します。
ゲームの中から経営の大切なヒントを体感できます。

【第8講】下期政策勉強会　滋賀ダイハツ販売様の下期政策勉強会を見学、体験。後藤塾長の社長としての熱い情熱、覚悟も伝わってきます。

3、生涯の安心、事業永続のための資産防衛

■国任せにできない会社の将来

私は100年企業クリエーターとして、生涯の安心、事業永続のために資産防衛のために資産分散をお薦めしています。

実はいま、日本の「円」には危機が迫っています。日本の公的債務残高は、1200兆円を超えており、対GDP比で240%を超えていることは、あまり知られていません。（財務省の平成29年4月データより）

以下、財務省の「これからの日本のために財政を考える」（平成30年3月）より抜粋します。

…………………………………………………………………………………

財政の持続可能性を見る上では、税収を生み出す元となる国の経済規模（GDP）に対して、総額でどれくらいの借金をしているかが重要です。我が国の債務残高はGDPの2

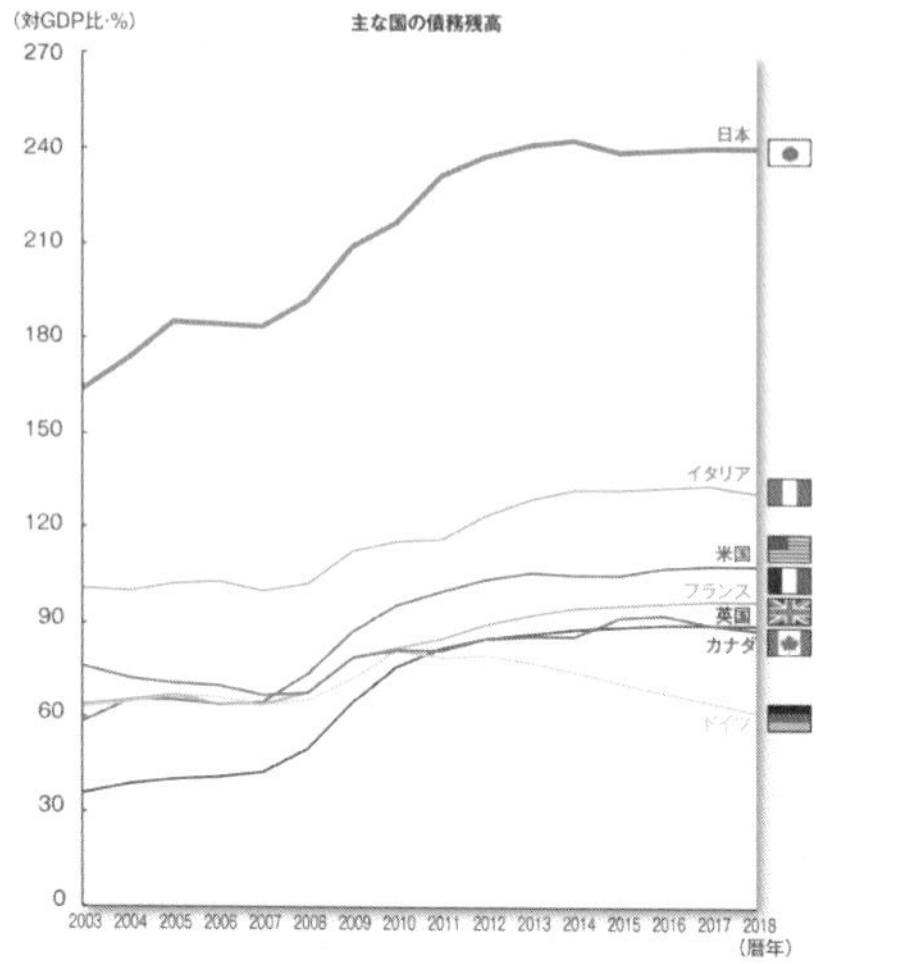

倍を超えており、主要先進国の中で最悪の状況にあります。

日本の借金はGDP比でみると欧米諸国の2倍以上となります。2018年の日本の予算、日本の収入は64・0兆円、支出は97・7兆円です。

これを家計に例えると、年収640万円、支出977万円となります。年間337万円の借金をして生活し、借金残高1億2千万円・・・個人や企業であれば、破綻している状況ですね。

さらに以下、財務省の「これからの日本のために財政を考える」(平成30年3月)より抜粋の文章をご覧ください。

日本の国債消化(引きけ)は、これまで家計金融資産で支えられてきましたが、高齢化の進展等による貯蓄率低下もあり、家計金融資産と政府の総債務の差が、90年代と比べて縮まってきています。政府の総債務が増加する中、財政の信認が損なわれれば、国債の安定的な消化が困難になるおそれがあります。

藤巻健史先生の講演会風景

藤巻先生著書

このような日本の財政状況から、どのようなリスクに備えるべきか？

これは、藤巻健史先生も著書『異次元緩和に「出口」なし！日銀危機に備えよ』藤巻健史氏著（ＰＨＰビジネス新書）でも警鐘を鳴らしています。

また、２０１８年2月23日草津エストピアホテルでの私が代表を務める（株）クオリティライフで主催した「人間繁盛、商売繁昌」セミナーに、メイン講師としてお呼びした際もこの危機的状況を強くおっしゃっていました。

資産を防衛するためには、円のみを保有するのではなく、国も企業も個人も資産を分散して、例えばドルも保有することが重要です。

ここで、わかりやすく円だけで資産を保有した場合と、円とドルに分散して保有した場合を例に挙げてみます。

☆ケース1【もし、円の価値が下がり、『1ドル＝200円』のドル高になった場合】

1ドル＝200円になるとガソリンはじめ、輸入している原材料の価格も高騰しますので、恐らくドル高になります。

（A）「日本円だけ」で資産を保有していた製造業A社の場合
『金融資産＝6億円（全て日本円）』※米ドル（1ドル＝100円）換算＝600万ドル。
1ドル＝100円の時に比べると、実質金融資産は3億円に「半減」する
（米ドル換算　300万ドル）。

（B）「日本円」と「米ドル」に分散して資産を保有していた製造業B社の場合
『金融資産＝6億円（日本円＝3億円、米ドル＝3億円）』
1ドル＝100円の時に比べると、実質金融資産は4億5千万円の「1／4減」で

済む。
（米ドル換算　450万ドル）

☆ケース2【もし、円の価値が下がり、1ドル＝1000円になった場合】

（A）「日本円だけ」で資産を保有していた製造業A社
『金融資産＝6億円（全て日本円）』 ※米ドル（1ドル＝100円）換算　600万ドル
1ドル＝100円の時に比べると、実質金融資産は6千万円の「1／10」に激減する。
（米ドル換算　60万ドル）

（B）「日本円」と「米ドル」に分散して資産を保有していた製造業B社
『金融資産　6億円（日本円＝3億円、米ドル＝3億円）』
1ドル＝100円の時に比べると、実質金融資産は3億3千万円の「約半減」で済む。
（米ドル換算　330万ドル）

1ドル＝1000円は、さすがに極端に感じるかもしれませんね。

しかし、昭和21年、日本円は、ハイパーインフレとなり、戦後の約4年間で消費者物価指数は約100倍になっているのです。

海外でも1992年のソ連の崩壊でのルーブル暴落や、ドイツのマルク暴落等、歴史上、財政危機、ハイパーインフレで通貨が暴落しています。

日本円の暴落は、起こらないことを願いますが、資産防衛は、いろいろな事態に備えておくこと、そのために資産分散しておくことが重要です。

例えば、日本円を米ドルにも資産分散していれば、万一、日本円が暴落しても米ドルで生活のための食料品やガソリンを買えるのです。

企業も米ドルで原材料を購入して事業を継続でき、また、当面の社員の給与も支払いできるのです。事業の永続、社員の幸福を守り続けるためにも資産分散が大切なのです。

以前、ベトナムの視察に行った際、証券会社勤務の20代の女性社員の話が印象的でした。

「給料をいただいたら生活費以外は、ドルや金に換金します。ドン（ベトナムの通貨）は、インフレで価値が下がるので、すぐにドルや金にします。そして、将来は土地を購入したいです。」

また、スイスのプライベートバンクの視察に行った際、200年以上の歴史を持つスイスのプライベートバンクのバンカーが、「資産を守るためには、資産を分散することが重要。必ず資産を分散すること。」と何度も何度も言われていたことも印象的です。

海外では、自国通貨とドルやユーロを保有するのは、当たり前ですが、日本は、まだまだ多くの人が円のみの資産を保有しています。

これからの激動の時代を生き残っていく、資産を防衛していくためには、海外のように資産を分散して、まずは、世界で最も流通している世界最強通貨のドルも保有することが大切と考えます。

実は大手企業は既に資産の分散保有に動き出しています。

上場企業や銀行の有価証券報告書を確認すると、数年前と比較すると、国債の保有率を下げて、外債（ドル等）の保有率を高めていっている企業、銀行がとても多いのです。

このようにもう兆候は始まっているのです。中小企業や個人も、一刻も早く資産を外債等にも分散しておくことで、企業の永続、生活を守っていくことにつながります。

また、円の暴落は財政破綻だけではありません。近年加速する未曾有の大災害や、近隣諸国の軍事事情などからも絶対に安全、永遠に安全なものとは言えないのです。

これまでに起きてきた歴史から学び、資産を分散しておくことは大切でしょう。

■具体的な資産防衛事例（個人の場合）

まずは、自分自身と家族を守りましょう。

個人で資産防衛をするメリットは、国の財政に危機があっても、家族の生活資金を確保できることです。コツコツ蓄えた預貯金が紙くずになってしまうリスクから守れるのです。

デメリットは、円高になった時に米ドルを使うと、少なからず資産が目減りする可能性があることです。ただ、円高の時は米ドルを使わずに円を使っておけば良いのです。

個人の場合は、まずは、お金を3つの用途に分けましょう。

・短期（1年以内）で使う資金、
・中期（1～5年）で使う資金、
・長期（5年以上）先に使う資金

短期の資金の生活費や学費等は、為替リスクも考慮して円の預貯金で保有します。

中期の資金は、円で預貯金として保有するだけでなく、ドルも保有するのが良いでしょう。ただし、5年以内に使う資金は、流動性がよく、元本割れのリスクの少ないドルMMFや5年以内に償還されるドル建債券がお薦めです。

長期の資金は、米国債、ドル投資信託、ドル建保険、ドル建年金、変額保険、変額年金等、目的にあわせて、複数に分散して保有することをお薦めします。

特に老後の生活資金準備は、超低金利の円建ての預貯金、終身保険は、インフレで実質価値が低下するリスクもあります。

5年以上の運用期間があれば、米ドル建にて、年利回り3％前後の収益を実現できる商品があります（平成30年3月時点）。


例えば、100万円を年率3％で運用すると、24年後、203万円と2倍以上になります。

年率0・1％で運用すると、24年後、いくらになっているでしょうか？

24年後、102万4千円になります。

年率1％で運用すると、24年後、126万円です。

年率3％で103万円増えるか、年率1％で26万円増えるか、年率0・1％で2万4千

個人のバランスシート

資産		負債	
普通預金	300万円	住宅ローン（変動金利）	2500万円
定期預金	1200万円	自動車ローン	300万円
外貨		教育ローン	
株式			
投資信託		負債合計	2800万円
終身保険	300万円		
不動産（自宅）	2000万円	純資産	
自動車	200万円		1200万円
合計	4000万円	合計	4000万円

資産防衛のためのバランスシート

資産		負債	
普通預金	300万円	住宅ローン（固定金利）	2500万円
定期預金	200万円	自動車ローン	300万円
外貨（米国債）	1000万円	教育ローン	
株式			
投資信託		負債合計	2800万円
ドル建終身保険	300万円		
不動産（自宅）	2000万円	純資産	
自動車	200万円		1200万円
合計	4000万円	合計	4000万円

円増えるか、とても大きな差となります。

ちなみに、年率1％で運用して、2倍にするために何年かかるでしょうか？

2倍になるのは概ね、72年後になります。この計算は、「72の法則」を覚えておくと簡単に計算できるので便利です。

「72の法則」

72÷年率＝2倍に増える年数

年率3％の場合、72÷3％＝24年、年率1％の場合、72÷1％＝72年

このように、長期になればなるほど利率の差が大きな収益の違いになります。

長期の資金は、不動産として保有しても良いかと思いますが、流動性、価格変動のリスクも大きいので注意が必要です。信頼できる不動産の専門家に相談することも大切です。

【新興国の債券運用での失敗事例】

以前、豪ドルやブラジルレアル等の新興国の国債や社債等で運用していました。新興国の債券は、米ドルに比べると利率が高く、為替変動がなければ、大きな利回りが期待できました。しかし、米ドルに比べると為替の変動が大きいので注意が必要です。私の場合、1レアル＝48円で購入後、1レアル＝30円まで下がってしまい、結果的にトータルでは、為替差損が大きく損を出してしまいました。

このように、短期、中期、長期の資金に分けて、また、目的にあわせた資産運用、資産分散をすることが重要です。

●個人の資産防衛のための3つのポイント（現在のように円が超低金利の場合）

①預貯金の一部を外貨に分散する（例えば、米国債、ドルMMF等）

②長期運用となる資産運用、終身保険は、インフレ対策、利回り向上のためドル建にする。

③長期借入の住宅ローン等は、変動金利から長期の固定金利にする。

■具体的な資産防衛事例（企業の場合）

次に、大切な会社と社員を守るための資産防衛を考えましょう。

資産防衛するメリットは、例え観測史上最大級の大きな災害や諸外国からの攻撃により、戦後の日本のように円が大暴落した時にも事業を続けて、社員に給与を支払い生活も守れることです。コツコツ蓄えた経営者や社員の退職金の準備金、預貯金も守れるのです。

デメリットは、個人と同じく円高になった時に米ドルを使うといくらか円では目減りする可能性があることです。ただしもともと資産を全額使うケースは稀でしょうから、大きな問題とは言えないでしょう。

企業、法人の場合も、まずは、資金を3つの用途に分けましょう。

・短期（1年以内）で使う資金、
・中期（1～5年）で使う資金、
・長期（5年以上）先に使う資金

【米国債での運用事例】

長期の米国債(2045年2月15日満期の割引債)の運用の場合、額面100とすると価格43・78購入(2017年3月7日時点)

企業のバランスシート

資産		負債	
【流動資産】		【流動負債】	
現金及び預金	15000万円	短期借入金	10000万円
【固定資産】		【固定負債】	
建物、土地	30000万円	長期借入金	20000万円
車両運搬具	1000万円	負債合計	30000万円
有価証券		純資産	
保険積立金	4000万円	資本金	1000万円
		利益剰余金	19000万円
合計	50000万円	合計	50000万円

↓

企業の永続、資産防衛のためのバランスシート

資産		負債	
【流動資産】		【流動負債】	
現金及び預金	10000万円	短期借入金	10000万円
【固定資産】		【固定負債】	
建物、土地	30000万円	長期借入金(固定金利)	20000万円
車両運搬具	1000万円	負債合計	30000万円
有価証券(ドル)	5000万円	純資産	
保険積立金	2000万円	資本金	1000万円
保険積立金(ドル)	2000万円	利益剰余金	19000万円
合計	50000万円	合計	50000万円

2045年の満期時に、額面100で償還されます。28年で米ドルで、2・28倍となり、利回り(複利)は、2・980%です(満期時に税金の支払いが必要です)。

リスクとして、為替リスクの他、途中売却した場合、市場環境によっては、価格の下落で損する可能性はあり、途中売却時に元本が目減りすることがあります。

このように、短期、中期、長期に分けて、流動性も考慮しながら、資産運用、資産防衛することで計画的に安全な資産防衛が可能になります。

また、大切な社員の幸福を守るために、資産防衛、資産分散の重要性を社員教育することも必要です。社員満足度の高い理念経営を実践されている会社では、毎年、新入社員に資産防衛、資産運用の勉強会を開催されています。

●法人の資産防衛のための3つのポイント（現在のように円が超低金利の場合）
①預貯金の一部を外貨に分散する（例えば、米国債、ドルMMF等）
②退職金積立等の保険をドル建保険、変額保険にする
③長期借入金は、変動金利から固定金利にする。

コラム②「人間繁盛、商売繁昌」を深く知る

「人間繁盛、商売繁昌」を知るには、実際にそれをおこなっている現場に出向くのが一番かと思います。実践する方たちと時間を共有することにより、自分の常識の枠や意識のレベルに気が付かされることが多いです。

私も多くの場で、先輩たちに刺激を受け、たくさんのことを習って来た経験より、ようやくいま自分の足で進めています。

それでは、これから私も参加したお勧めの「人間繁盛、商売繁昌」実践先をご紹介していきます。

◯倫理法人会

倫理法人会は、一般社団法人倫理研究所の法人会員組織です。

私も滋賀県倫理法人会の前会長のお役（２０１５年～２０１７年）を拝命させていただいたりと、精力的に参加しております。

「企業に倫理を　職場に心を　家庭に愛を」をスローガンに、まず経営者自身が純粋倫理を

学び、活力に満ちた人間に変わることによって、社員が変わり、社風が変わり、自社の繁栄を目指すものです。

倫理法人会の会員同士が集い、語り合うことで、自分では気づかないような経営のヒントも得られます。毎週の経営者モーニングセミナーや活力朝礼等で経営者の自己革新をはかる様々な活動や社員教育支援を展開しています。私もそうでしたが、倫理法人会に参加することで、素晴らしい経営者たちとご縁を持てることも魅力のひとつです。

人がよりよく生きるための普遍的な大自然の法則を学び、経営者自ら、挨拶や返事、後始末、即行（気づいたらすぐ行なう）、感謝、夫婦の愛和など目の前の小さなことに率先して、喜んで取り組むことで人徳が磨かれ、よき社風が作られ、企業繁栄につながる・・・倫理法人会ではそんな大切なことを学べます。

・滋賀県倫理法人会ホームページ

http://www.shiga-rinri.com/

○中小企業家同友会

中小企業家同友会は、「よい会社をつくろう、よい経営者をめざそう、よい経営環境をつくろう」の3つの目的を持って、経営者がグループ討論で意見交換しながら学びあいます。

1、同友会はひろく会員の経験と知識を交流して企業の自主的近代化と強靭な経営体質をつくることをめざします。

2、同友会は、中小企業家が自主的な努力によって、相互に資質を高め、知識を吸収し、これからの経営者に要求される総合的な能力を身につけることをめざします。

3、同友会は、他の中小企業団体とも提携して、中小企業をとりまく、社会・経済・政治的な環境を改善し、中小企業の経営を守り安定させ、日本経済の自主的・平和的な繁栄をめざします。

・滋賀県中小企業家同友会ホームページ
http://www.shiga.doyu.jp/

○盛和塾
盛和塾は、もともと京都の若手経営者が、京セラ株式会社の社長であった稲盛和夫氏から、人としての生き方「人生哲学」と経営者としての心の持ち方「経営哲学」を学ぼうと1983年に立ち上がった自主勉強会に端を発しています。

真剣に学ぼうとする塾生と、それに応えようとする稲盛塾長がお互いに魂の火花を散らす人生道場として、また塾生同士の切磋琢磨の場として、全国各地の盛和塾に多くの熱心な若手経営者が集まっています。稲盛塾長は、心ある企業経営者こそが明日の日本を支えるとの信念に基づき、盛和塾に取り組まれています。

・盛和塾ホームページ

https://seiwajyuku.gr.jp/

◯輝き塾

輝き塾は、後藤昌幸氏（株式会社ゴトウ経営 社長、滋賀ダイハツ販売株式会社 社主）が赤字会社を再建してきた経営のノウハウと、全国各地の講演活動により収集した情報を、皆様の人生と経営に生かして頂こうと開講している塾です。

この塾に参加された皆様が、人脈拡大に大きく役立てて頂き、経営の場で更にご活躍される事を祈念し、東京と大阪で毎月、勉強会が開催されています。

後藤昌幸さん著書「倒産したくないならこれを読め」「やりなさい！　その責任は俺がとる」（日経ＢＰ社）、「百の功績も一の過ちで全て失う」（高木書房）等。

・輝き塾ホームページ
http://www.shiga-daihatsu.co.jp/goto-keiei/kagayakijuku/

○「辻中公」塾

やまとしぐさ伝承学師範である辻中公さんがおこなう、天命を見出し実現する塾です。京都・銀座・大阪・滋賀と各地にクラスがあります。

やまとしぐさや大和言葉などから、一人ひとりの役割を見出し本来の力を引き出すのです。大和言葉や日本神話、所作法から、人としての土台となる5つのやまとの心（感謝、思いやり、尊敬、責任、信頼）を育む日常のしぐさの中の意味を伝えておられます。

本来の日本人の中にある「たおやかに凛とした」身も心も美しく輝くヒトを育て、次世代につないでいくと共に、世界に通用する日本人を創出していくのです。

私もこの辻中公塾の教えのおかげで、この本の出版をはじめ、たくさんの奇跡の実現を果たしました。

社員と共に学ばせていただき、日々「やまとしぐさ」の実践に励んでいます。

それほどまでに自分も周りも喜んでいただけるような「人生を歩むコツ」を実践ワーク形式で学べるのです。

辻中さん著書『魔法の日めくりメッセージ』『あなたの可能性の種を咲かせましょう！』『やまとしぐさ日めくりメッセージ』『清らかに輝くための“やまとしぐさ“31日のレッスン帖』（全てごま書房新社）。

・辻中公ブログ
http://mahounohimekuri.shiga-saku.net/

・「辻中公」塾の詳細ページ
https://www.reservestock.jp/page/reserve_form_week/19852

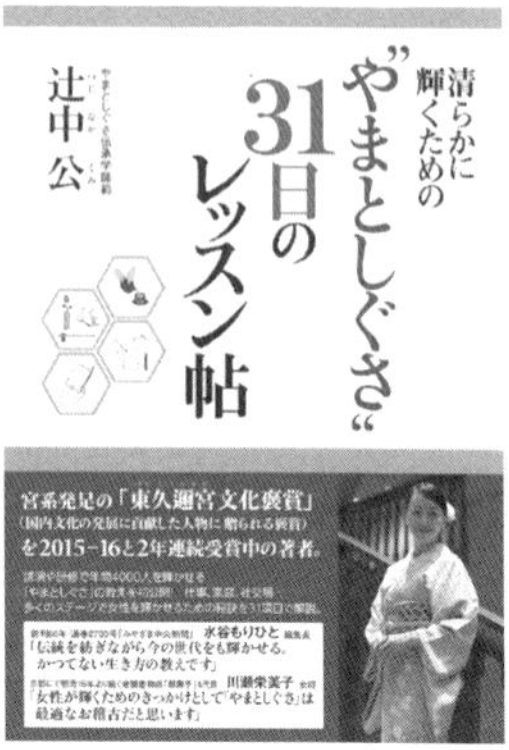

○和ごころ塾

日本人が大切にしてきた「志」。それは目の前の大切な人達を笑顔にしたいという想いに生きることです。

あなたには、「命にかえても守りたい、大切なもの」がありますか？

命は、最も大切なものだといわれますが、本当に命を大切にできるのは、「命にかえても守りたいもの」が見つかったときです。そういう命の使い方をすること、それが「志」に生きる、ということではないでしょうか。

この「志」を学べるのが白駒さんの「和ごころ塾」です。

講演会でも、白駒さんの素敵な笑顔と歴史上の偉人への愛情いっぱいのお話は、とてもわかりやすく、歴史上の偉人に親近感がわき、ぐいぐい惹きこまれます。講演の話が進むに連れ、不思議と、自分が日本人に生まれて良かったという誇り、喜びがわきおこります。目の前の人を笑顔にして幸せに生きる「志」。ぜひ皆さんも学んでみてください。

・白駒妃登美さん（和ごころ塾）ホームページ
http://kotohogi2672.com/school-wagokoro/

○能登清文（(株）クオリティライフ）の活動

■「人間繁盛、商売繁昌」セミナー

人間繁盛、商売繁昌への7つの実践を仕事や経営に応用していくための不定期セミナーです。業種を問わず営業力、モチベーションアップ、コミュニケーション、ライフプランニング、人脈術、資産運用などを「人間繁盛、商売繁昌」の実践や成功された方のお話を通して培ってもらいます。

また、経営者向けにも、会社の体質改善、経営改善、新人教育、営業教育、自己啓発、人財採用、ファシリテーション、100年企業づくりなど、皆さんの会社がさらに輝くために、様々な分野の底上げに「人間繁盛、商売繁昌」をご活用していただけるはずです。

・「人間繁盛、商売繁昌」セミナー（事務局＝クオリティライフ）

http://www.q-life.co.jp/

あとがき

本書を最後まで読んでくださってありがとうございます。

心から感謝いたします。


尊敬する寺田一清先生にいただいた言葉で、事務所にも掲示して毎日拝見しています。

「損得よりも尊徳を」

私自身、人間繁盛の考え方と出会うまでは、損得ばかりを考えて生きておりました。

まだまだ、イザという時に、損得を考えていてハッとするため、毎日「損得よりも尊徳を」を拝見し、自分自身に言い聞かせています。


今回、2冊目の著書を出版することができました。

これは、とても多くの方々からの学び、教え、支え、ご縁のおかげであり、あらためてその大切さを実感しています。

執筆する際も、多くの方のご助力で考え方が変わり、行動が変わり、習慣が変わり、人生が変わっていったことを実感しています。そのおかげで、以前には考えてもいなかった自分自身の可能性、未来が開かれています。これからもいろいろな人との出会いを大切に活動していきます。

時は命です。今、目の前の人との時間、今を大切に今に集中して、今に感謝して精一杯生きることを積み重ねていくことで、「人間繁盛、商売繁昌」への7つの実践にもっともっと磨きをかけていきたいと思います。

今後、日本はますます高齢化社会となり、日本の経済状況もさらに厳しくなると思います。しかし、地域での繋がり、ご縁を大切に「人間繁盛、商売繁昌」の実践者が増えることで、人間力、経済力ともに高まり、未来の子どもたちのためにも素晴らしい国を創っていく役に立てましたら幸せです。

いま世界的に金融状況が不安定になってきております。

先日、現参議院議員であり、経済評論家としても著名な藤巻健史先生をお招きして講演をおこないました。その時の言葉が強く印象に残っています。

「国も企業も個人も今はドルを買って、日銀危機でのハイパーインフレ、円暴落に備えよ。ドルを買っておくことで、国も企業も個人も救われる」

たしかに、現状の日本の借金は、終戦後のハイパーインフレを発生させた時と同様に、GDPの2倍以上に膨れ上がっています。

決して戦後と同じ状況を繰り返してはなりません。

私は、いまこそ100年企業クリエーター、事業承継・資産防衛のコンサルタントとして、100年企業創りのトータルサポートに尽力していかなければならないのです。そして、お手伝いさせていただいた企業が将来、100年企業となり、天国でお祝いできることも将来の楽しみです。

100年事業を続けるためには、経営者同士のネットワークを拡げ、お互いの信頼関係を深めて協力しあうことも重要です。様々な要因で、横の繋がりが持てないことが多い世の中ですので、その接着剤として私がお役立てれば幸いです。

最後に、この本はたくさんの人たちの支えにより完成いたしました。

この場を借りて、御礼を伝えたいと思います。

この本の出版は、京都を中心に「やまとしぐさ伝承学」を広められておられ、公私共にお世話になっている辻中公さんが、4年前、ごま書房新社編集部の大熊賢太郎さんをご紹介くださったことから始まりました。きっかけを与えてくださった辻中さんには感謝しきれません。本当にありがとうございます。

また、出版の際に、帯に推薦文をくださった、イエローハット創業者・鍵山秀三郎様、滋賀ダイハツ販売株式会社・後藤敬一社長、白駒妃登美さん、水谷もりひとさん、奥西要さん、花田敬さん、木村雅さん、村上実さん、西廣真治さん、辻中公さん、ご多用の中、本当にありがとうございます。

さらに、倫理法人会に導いていただいた新庄昇さん、いつも父のように応援し続けてくださる木谷昭郎さん、母のように応援してくださる森淳子さん、人間繁盛、商売繁昌を教えてくださった井本全海住職、夢現塾で夢を実現する生き方の手本を示してくださる井内良三さん、永田咲雄さん、水野元也さん、いつも協力し助けてくださる上田健一郎さん、楠亀輝雄さん、はじめ滋賀県倫理法人会の役員の皆さん、真の人間繁盛の凄さを見せてくださったバリ島の兄貴（丸尾孝俊さん）にも感謝しています。

また、私を生んでくれた両親、いつも支え続けてくれている妻の潤子、いつも応援し続けてくれている天国の妻の両親、いつも笑顔で元気をくれる3人の子どもたち、いつも笑顔で一緒に働いてくれる社員の皆さん、そして、お客様、取引先様、当社を応援してくれている地域、全国の仲間のおかげであり感謝いっぱいです。

そして、2018年2月に永眠されました西中務先生には生前大変お世話になりました。西中先生の教えや生き様をさらに広めるためにも、私は今後も精進していく次第です。

2018年4月吉日

能登　清文

・著者プロフィール

能登 清文（のと きよふみ）

1967年生まれ、滋賀県在住。株式会社クオリティライフ代表、事業承継コンサルタント、100年企業クリエーター、保険代理店経営。株式会社スリースター取締役、滋賀県倫理法人会 前会長（平成27～平成29年度）、「人間繁盛、商売繁昌」実践塾リーダー、チームびわ湖代表。

大学卒業後、一部上場企業キーエンスの生産管理、営業サポート部門で15年活躍。その後、ファイナンシャルプランナーを目指すためにアリコジャパンへ転職、持ち前の企画力で入社1年目より、MDRT（全世界の生命保険業界のトップセールス約1%が入会できる会員組織）入会を達成。その後、滋賀県にて独立起業し企業や経営者向けに事業承継や保険、資産運用のサポートをおこなっている。

本業の傍ら、滋賀県倫理法人会の前会長職を務め、自ら立ち上げた地域交流サークル「チームびわ湖」を1年で300人の団体に成長させるなど、多方面でその手腕を発揮している。

前著出版後、その効果と斬新な内容が話題を呼び、講演依頼や全国の経営者からの相談も増え続けている。

・株式会社クオリティライフ
http://www.q-life.co.jp/

・能登清文の「人間繁盛、商売繁昌」への７つの実践！ブログ
http://teambiwakoblog.shiga-saku.net/

改訂新版
「人間繁盛、商売繁昌」への
7つの実践！

著　者	能登 清文
発行者	池田 雅行
発行所	株式会社 ごま書房新社 〒101-0031 東京都千代田区東神田1-5-5 マルキビル7F TEL 03-3865-8641（代） FAX 03-3865-8643
印刷・製本	精文堂印刷株式会社

ISBN978-4-341-08700-5 C0034